Floral embroidery

꿈을 담은 틀

꽃이 피어나는
사계절 자수

| 이윤정 저 |

i THINK
아이생각

꽃 이 피 어 나 는
사계절 자수

| 만든 사람들 |
기획 실용기획부 | **진행** 윤지선 | **집필** 이윤정 | **편집·표지디자인** D.J.I books design studio 원은영

| 책 내용 문의 |
도서 내용에 대해 궁금한 사항이 있으시면
저자의 홈페이지나 아이생각 홈페이지의 게시판을 통해서 해결하실 수 있습니다.
아이생각 홈페이지 www.ithinkbook.co.kr
아이생각 페이스북 facebook.com/ithinkbook
디지털북스 인스타그램 instagram.com/dji_books_design_studio
디지털북스 유튜브 유튜브에서 [디지털북스] 검색
디지털북스 이메일 djibooks@naver.com
저자 블로그 blog.naver.com/yunjung2235
저자 인스타그램 @ggumtle_embroidery

| 각종 문의 |
영업관련 dji_digitalbooks@naver.com
기획관련 djibooks@naver.com
전화번호 (02) 447-3157~8

작가의 말

우연히 알게 된 프랑스자수라는 취미 생활은
나의 일상을 변화시켰습니다.

마음의 편안함과 위로를 느끼게 해준 시간들
어설프고 우스운 모양으로 수놓을 때마저도 웃고 즐기며
단순한 아름다움에 끌리고 있었습니다.

내가 그림을 그리고
그린 그림에 어울리는 실색을 골라 수놓는 시간들
그 시간들이 나에게 온전히 집중할 수 있어 너무 소중하고 애틋했습니다.

자연스러운 색감을 담아낸 자수 작품을 통해 마음이 편안해지기를...

그 마음을 같이 누릴 수 있으면 좋겠습니다.

contents
목차

1 시작하기 전에

2 기법 설명서

◎ = 평면 스티치, ◇ = 입체 스티치

선인장 마그넷

민들레 머리핀

물망초 손거울

미니 부케 방향제

벚꽃 파우치

카네이션 손수건

해바라기 티슈케이스

You and me,
Thank you 카드

니들케이스

청녕 마개

동백꽃 테이블매트

동백꽃 티코스터

크리스마스 쿠션

열두 달 주방가랜드

사계절 수틀액자

시작하기 전에

1. 트레이싱지

도안을 옮길 때 사용하는 종이

2. 먹지

도안을 옮길 때 사용하는 복사지. 사용하기 전에 먹 부분을 휴지로 닦아주면 원단에 옮길 때 번짐을 방지할 수 있습니다.

3. 실 뜯개

자수를 수정할 때 사용하는 도구로, 가위보다 편리하게 실을 뜯을 수 있습니다. 뜯지 말아야 할 부분을 뜯지 않도록 조심! 세밀한 작업이 필요합니다.

4. 철필

원단과 도안 사이에 먹지를 끼우고 도안 이미지를 따라 그려줄 때 사용합니다. 철필이 없을 경우, 다 쓴 펜으로 대체하여 사용 가능합니다.

5. 자수용 가위 (실 자르는 가위)

날이 얇은 가위로 가볍게 실을 자를 수 있고, 휴대하기에 편리합니다. 다양한 디자인이 있어 개인 취향에 따라서 구매할 수 있습니다.

6. 재단용 가위 (원단 자르는 가위)

날이 잘 드는 원단용 가위로, 본인의 손 크기에 맞는 가위를 구매하는 것이 좋습니다. 너무 작거나 크면 재단 시 손에 무리가 갈 수 있습니다.

7. 수틀 (고무 수틀 / 나무 수틀)

원단을 팽팽하게 고정하기 위해 사용하는 틀로 크기는 7~20cm 등 다양합니다.

* 고무 수틀

후프 재질이 고무로 되어 있어 원단을 세게 잡아줍니다. 수틀에 달려있는 고리는 액자로 사용할 경우에는 꽂아주고, 수놓을 때는 돌려서 분리 해줍니다.

* 나무 수틀

후프 재질이 나무로 되어 있고, 일반적으로 많이 사용되고 있는 수틀입니다.

위쪽 나사머리 부분을 돌리며 조이는 힘으로 원단을 고정해줍니다.

Tip.

수놓지 않을 때는 수틀과 원단을 분리해주세요. 오랜 시간 수틀에 원단을 고정하면 원단이 늘어나거나 결이 변할 수 있습니다.

8. 핀쿠션

바늘을 보관할 때, 바늘의 끝이 상하지 않도록 꽂아두는 용도로 사용합니다.

9. 원단

수놓을 때는 주로 리넨, 광목을 많이 사용합니다. 기본적인 화이트, 베이지 색감을 가진 원단은 다양한 실 색과 어울리기 때문에 사용하기 좋습니다.

* 색감이 들어간 리넨

색이 들어간 원단을 사용할 때에는 원단 색감과 어울리도록 실 색을 더 신중히 고를 필요가 있습니다. 원단과 어울리는 실 색으로 수놓으면 더 예쁘게 수를 표현할 수 있습니다.

* 문양이 들어간 원단

작은 소품을 만들 때, 원단 위에 포인트로 살짝 수를 놓아주세요. 원단 그대로 소품을 만들어도 충분히 아기자기할 수 있습니다.

10. 실

자수 실은 굵기와 소재에 따라서 일반 면실과 울사, 메탈릭사 등으로 구분할 수 있습니다. 원단의 두께나 도안의 느낌에 따라서 실을 선택하고, 가닥수를 정하여 놓아줍니다.

* DMC 25번 사
가장 많이 사용하는 실로 총 6가닥으로 이루어져 있으며, 원하는 길이로 잘라 가닥 수를 나눠서 사용합니다.

* APPLETON 울실
꼬임과 볼륨감이 있는 울실로 다양한 색감을 가지고 있어 입체감 있게 수놓기 적절합니다.

* DMC 메탈릭사
부드러운 느낌의 메탈릭사로, 포인트로 수놓을 때 주로 사용합니다.

11. 자수용 펜

① 수성펜
물에 닿으면 지워지는 펜으로, 완성 후 원단을 물에 담가 도안을 지웁니다. 반복적으로 그리다보면 번짐이 있을 수 있으므로 조심하세요.

② 기화성펜
시간이 지나면 자연적으로 그린 라인0 사라지는 펜으로 간단한 작업물에 사용하기 좋습니다. 보통 2-10일, 온도 · 습도에 따라 빠르면 2시간 이내에 밑그림이 사라질 수 있으므로, 오래 걸리는 작업물일 경우 다른 자수용 펜을 사용해주세요.

③ 열펜
컬러 열펜 (밝은 색의 원단에 사용) / 화이트 열펜 (어두운 색의 원단에 사용)으로 나뉩니다. 직사광선이나 뜨거운 열이 닿으면 사라지는 펜으로, 작업 후 드라이기나 다리미로 밑그림을 지울 수 있습니다.

12. 바늘

일반적으로 크로버, 존 제임스 바늘 두 가지 종류를 많이 사용하며, 실 두께에 따라서 바늘의 크기가 정해집니다.

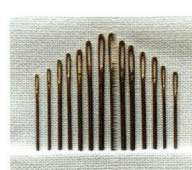

* 크로버 바늘 기준

바늘 크기	3 ~ 4호	5 ~ 6호	7 ~ 8호
DMC 25번사	5 ~ 6가닥	3 ~ 4가닥	2 ~ 1가닥

13. 수용성 심지

물에 녹는 수용성 부직포 원단으로 원단이 어두운 컬러이거나 도안을 그리기 힘든 재질이라 도안을 원단에 옮기기 어려울 경우 사용합니다.

수용성 심지 사용 방법

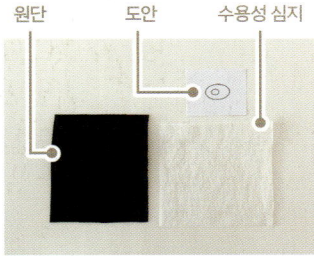

원단   도안   수용성 심지

01 원단, 도안 이미지, 수용성 심지를 준비합니다.

02 도안 이미지 위에 수용성 심지를 두고, 자수용 펜으로 도안을 그려줍니다.

03 수용성 심지를 원단 위에 포개어줍니다.

따뜻한 미온수

04 수용성 심지가 움직이지 않도록 시침핀을 사용하거나, 도안 주변을 러닝 스티치로 고정해줍니다.

05 수용성 심지를 사용해 수놓은 도안입니다.

06 따뜻한 미온수에 원단을 담가 수용성 심지를 녹여주세요. (미끌미끌한 성분이 사라질 때까지 손으로 살살 문질러줍니다.)

07 원단을 말려주면 완성!

도안 옮기는 방법

원단　　도안　　먹지

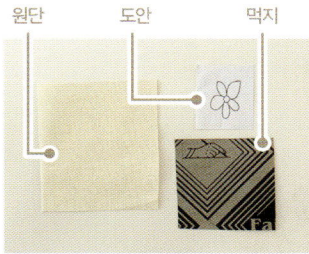

01　원단, 도안 이미지, 먹지를 준비합니다.

02　원단 위에 도안 이미지를 테이프로 고정시켜주고, 원단과 도안 이미지 사이에 먹지를 끼워줍니다. (먹지 검정면이 바닥에 오도록 놓아주세요.)

03　철필로 도안을 그대로 그려줍니다. 적절한 힘을 사용해서 원단에 도안을 옮깁니다.

04　원단에 도안이 잘 보이도록 옮겨주세요. 너무 약하게 그려졌다면, 자수용 펜으로 덧그려줍니다.

05　그려진 원단 위에 수놓으면 완성!

실 꿰는 방법

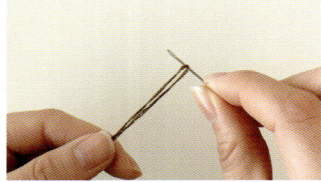

01 바늘 끝쪽에서 실을 접어 왼손으로 접힌 실을 잡아줍니다.

02 오른손으로 바늘을 빼서 실 접힌 부분에 바늘귀를 맞춰줍니다.

03 바늘귀에 실을 꿰어줍니다.

04 꿰어진 실을 바늘에 10cm 정도 빼며 걸쳐줍니다.

실 매듭짓는 방법

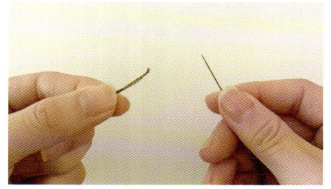

01 오른손에는 바늘, 왼손에는 긴 실의 끝부분을 잡아줍니다.

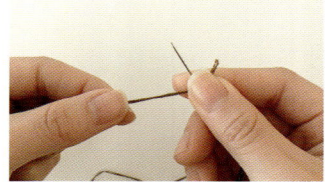

02 실의 끝부분을 바늘 앞으로 가져와서 오른손으로 고정시켜줍니다.

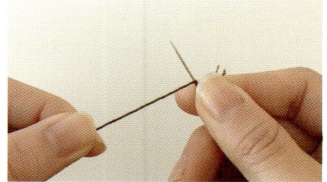

03 고정된 실을 잡고 바늘에 시계방향으로 3번 감아줍니다.

04 실이 감긴 부분은 오른손 엄지와 검지로 잡고, 왼손으로는 바늘을 위로 빼줍니다.

05 매듭을 끝까지 잡고, 실의 끝부분까지 당겨서 내려옵니다.

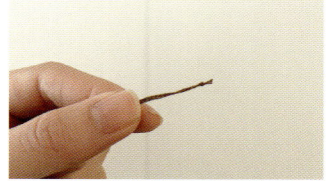

06 매듭 뒤로 실이 길게 나오지 않도록 깔끔하게 마무리합니다. 매듭 완성!

기법설명서

러닝 스티치

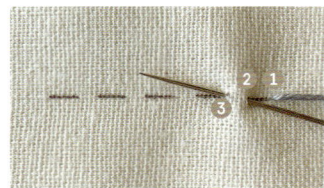 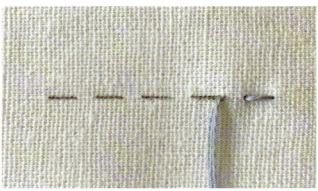 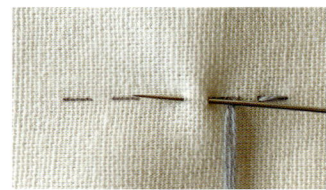

01 1로 나와 2로 들어가고, 동시에 3으로 올라와 바늘을 당겨줍니다.

02 한 땀이 만들어지는 동시에 다음 땀 시작점으로 올라오는 상태가 됩니다.

03 땀 사이의 간격을 유지하면서 규칙적으로 한 땀씩 만들어줍니다.

04 완성!

백 스티치

 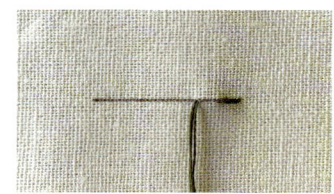 

01 시작점 앞으로 한 땀 떨어진 1번에서 바늘 올라와 2번으로 들어가고, 동시에 3번으로 빼줍니다.

02 한 땀씩 균일하게 땀을 수놓아줍니다.

03 뒤로 한 땀, 동시에 앞으로 한 땀을 반복해서 떠줍니다.

04 한 땀씩 연결하며 원하는 라인을 만들어주고 바늘을 뒤로 빼며 마무리합니다.

05 완성!

휘프트백 스티치

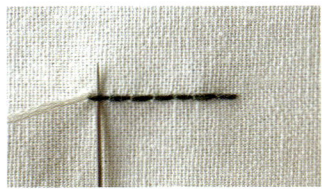
01 만들어진 백 스티치 첫 땀 위로 바늘
올라와줍니다.

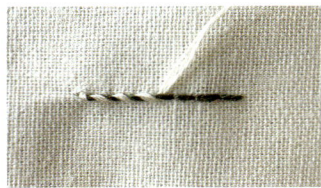
02 땀마다 바늘을 밑에서 위로 통과하
며 라인을 만들어갑니다.

03 마지막 땀 끝 지점에서 바늘을 뒤로
빼며 마무리합니다.

04 완성!

새틴 스티치

01 채워야 할 면의 중심을 나눠줍니다.

02 최대한 라인에 맞춰 실로 덮어줍니다.

TIP 바늘을 뒤로 뺄 때, 너무 세게 당기면 모
양이 찌그러질 수 있으므로 힘을 조절해주세요.

03 중심선을 기준으로 오른쪽 면부터
먼저 채워줍니다.

04 반대 면적도 채워주면 완성!

② **백 + 새틴 스티치**

새틴을 좀 더 볼륨감 있게 표현하고 싶을 때 수놓는 스티치

01 도안 모양에 맞춰서 백 스티치로 라인을 수놓아줍니다.

02 백 스티치 라인 바깥쪽을 새틴 스티치로 덮어줍니다.

TIP 바늘을 뒤로 뺄 때, 너무 세게 당기면 모양이 찌그러질 수 있으므로 힘을 조절해주세요.

03 완성!

잎 새틴 스티치

01 가운데 중심선으로 한 땀 길게, 스트레이트 스티치를 만들어줍니다.

02 중심선을 기준으로 오른쪽부터 면적을 사선으로 채웁니다.

03 사선으로 채우고도 면적이 남아있을 경우, 바깥 라인에서 올라와 중앙으로 땀을 모아줍니다.

04 반대 면적도 동일하게 사선으로 면적을 채워주세요.

TIP 가운데 빈틈이 보이지 않게끔 같은 중심라인으로 바늘을 꽂아주세요.

05 완성!

아웃트라인 스티치

01 시작점에서 올라와 실을 아래로 내려줍니다.

02 실을 아래로 둔 채, 한 땀의 길이만큼 앞으로 뜨고 동시에 반 땀 뒤로 바늘을 올립니다.

03 그대로 실을 당깁니다.

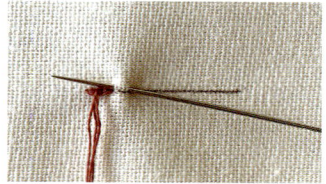

04 반복적으로 반 땀씩 뜨면서 라인을 만들어갑니다.

05 마무리는 반 땀 앞으로 바늘을 찍어 마무리합니다.

06 완성!

레이지데이지 스티치 + 레이지데이지 스티치 응용

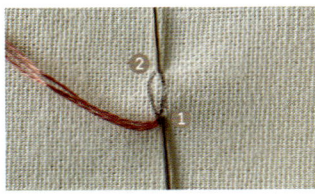

01 1에서 올라와 다시 제자리로 들어가고, 바늘을 2로 빼줍니다. 이때 실을 왼쪽에서 오른쪽으로 돌려, 고리를 만든 상태로 놓아줍니다.

02 고리 안쪽에서 바늘을 천천히 당겨줍니다.

03 꽃잎 모양이 만들어지면 당기는 것을 멈추고, 고리 중앙의 위, 실 바깥쪽으로 바늘을 빼줍니다.

04 완성!

● ● ○

— 응용 | 중심점을 기준으로 꽃 모양 만들기

01 중심점을 찍고 다섯 개의 레이지데이지를 만들어줍니다.

02 시계 방향으로 돌아가며 다섯 개의 꽃잎을 만들어주세요.

03 완성!

— 응용 | 링 면적을 채우며 꽃 모양 만들기

01 링 면적에 맞춰서 레이지데이지를 만들어줍니다.

02 시계 방향으로 돌아가며 레이지데이지를 촘촘히 채웁니다.

03 완성!

스트레이트 + 레이지데이지 스티치

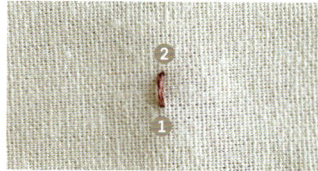

01 1에서 바늘 올라와 2로 들어가며 스트레이트 한 땀을 만들어줍니다.

02 다시 1에서 바늘 올라와주며 레이지데이지 스티치를 만들어 줍니다.

03 완성!

프렌치노트 스티치

01 원하는 위치에서 바늘을 올려줍니다.

02 나온 실을 왼손으로 잡은 뒤, 오른손으로 바늘을 바깥에서 안쪽으로 감아줍니다.

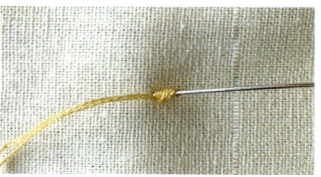

03 실이 감긴 상태에서 바늘을 나왔던 그 자리에 다시 넣어줍니다.

04 바늘은 오른손으로 당겨주고 왼손으로는 실을 조이며 모양을 만들어줍니다. 모양이 만들어지면 왼손을 살짝 놓아주세요.

05 완성!

응용 | 면적 채우기

01 도안의 테두리 라인을 따라 프렌치노트를 만들어줍니다.

02 테두리 라인을 따라서 안의 면적도 같은 방향으로 돌아가며 면적을 채워줍니다.

stitches

기본실잇음서 : 엮음 스티치

01 시작점에서 바늘 올라와 다시 같은 구멍으로 들어가고, 한 땀 간격으로 바늘을 빼줍니다.

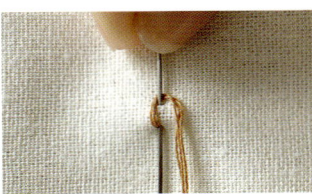

02 바늘을 중심으로 왼쪽에서 오른쪽으로 실을 걸어주며 고리를 만듭니다.

03 고리 안에서 바늘을 쭉 잡아당겨 첫 번째 고리를 만들어 주세요.

04 첫 번째 고리 안쪽으로 다시 바늘을 넣은 후, 한 땀 간격으로 바늘을 빼줍니다.

05 고리에 걸리도록 당겨 두 번째 고리를 완성합니다.

06 이 과정을 반복합니다. 마무리할 때는 마지막 고리 중앙 바깥쪽으로 바늘을 꽂아줍니다.

07 완성!

플라이 스티치

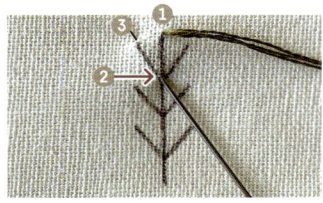 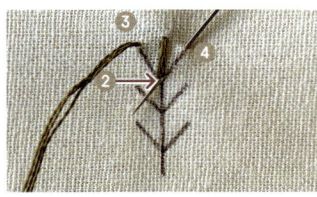 

01 1에서 바늘 올라와 2로 들어가고, 동시에 3으로 바늘을 빼줍니다.

02 실은 아래로 둔 상태에서 4에서 바늘을 꽂아주며 동시에 2로 올라옵니다.

03 고리가 걸리도록 실을 아래 방향으로 당겨줍니다.

04 이전 과정을 반복하며 라인을 만들어주세요.

05 밑으로 한 땀 벌려서 바늘을 뒤로 빼마무리합니다.

06 완성!

플라이 리프 스티치

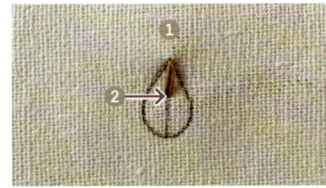

01 1에서 올라와 2로 들어갑니다.

02 3에서 올라와 실을 아래로 내려줍니다.

03 4로 들어가고 동시에 5에서 올라옵니다.

04 바늘을 중앙 바깥쪽으로 찍어주며 뒤로 뺍니다.

05 이 과정을 반복하여 면적을 채워줍니다.

06 면적이 모두 채워졌으면 바늘을 중앙 바깥쪽, 뒤로 빼주며 마무리합니다.

07 완성!

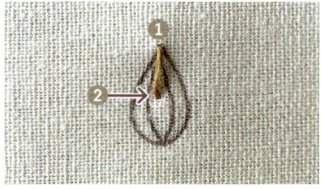  

01 1에서 2로 이어지는 잎사귀 중앙에 한 땀 길게 수놓아 중심을 잡아줍니다.

02 3에서 바늘 올라와 4로 바늘을 뒤로 빼 사선을 만듭니다.

03 반대 방향 사선도 라인을 만들어주 세요.

04 반복해서 X라인으로 면적을 채우며 내려옵니다.

05 더 이상 내려갈 자리 없이 잎사귀 공간이 남아있을 경우, 중앙으로 땀을 모아주세요.

06 완성!

스파이더 웹 로즈 스티치 + 스파이더 웹 로즈 스티치 응용

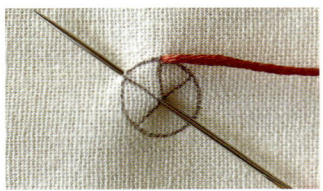

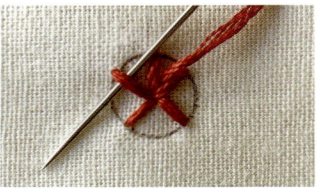

01 스트레이트 스티치로 다섯 개의 라인을 만들어줍니다.

02 중심점과 최대한 가깝게 바늘 올라와줍니다.

03 왼쪽 방향으로 첫 번째 라인을 건너 뛰면서 바늘을 실의 위, 아래 번갈아가며 통과시켜줍니다.

04 실을 너무 느슨하거나 세게 당기지 않도록 라인이 안 보일 때까지 힘을 적절히 조절하며 엮습니다. (도안에 따라 힘 조절이 다를 수 있습니다.)

05 완성!

— **응용** | 꽃 만들기   **TIP** 스파이더 웹 로즈 실을 더 느슨하게 감으면 꽃 라인이 더 예쁘게 나옵니다.

01 만들어진 스파이더 웹 로즈의 중앙으로 올라와, 땀 사이로 바늘을 깊숙이 넣어서 뒤로 뺍니다.

02 꽃모양 라인이 잡히도록 실을 뒤로 당겨줍니다.

03 모든 라인을 잡아주면 꽃모양 완성!

(도안에 따라 4-5개 꽃잎을 만들 수 있습니다)

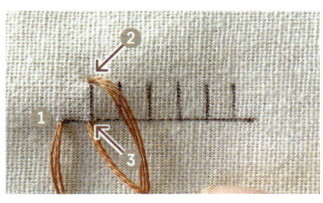

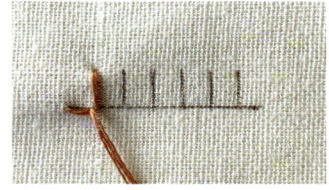

01 1에서 올라와 2로 들어가고, 동시에 3으로 한 땀 떠줍니다.

02 3에서 나온 바늘을 아래 방향으로 당겨줍니다. 이때, 바늘은 처음 1에서 2로 뜬 실 위에 있습니다.

03 첫 번째 블랭킷을 완성했습니다.

04 앞의 과정을 반복, 위에서 아래 방향으로 바늘을 빼주며 라인을 만들어갑니다.

05 완성!

— 응용 | 블랭킷 스티치로 면적 채우는 법

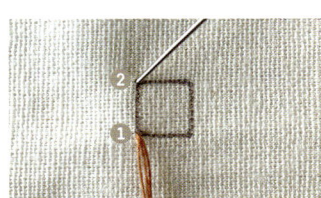

01 1에서 올라와 2로 들어가며 한 땀 만들어줍니다.

02 다시 같은 구멍 1에서 바늘을 빼준 뒤, 블랭킷 스티치로 면적을 채워갑니다.

03 마지막 땀 뒤쪽으로 바늘을 빼 마무리합니다.

04 완성!

하프 블랭킷 링 스티치

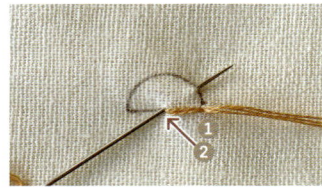

01 1에서 올라와 2로 들어가며 한 땀을 만들어줍니다.

02 다시 1번으로 바늘 올라와 2번으로 들어가고, 이번에는 반원 바깥쪽 가장자리로 나가 블랭킷을 만들어줍니다.

03 마지막 땀 뒤쪽으로 바늘을 빼 마무리합니다.

04 완성!

스플릿 스티치

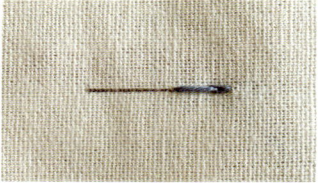

01 시작점 한 땀 만들어줍니다.

02 미리 한 땀 벌려서 올라온 뒤, 앞에서 만든 땀 가운데를 가르며 바늘을 찍어줍니다.

03 위 과정을 반복하여 라인을 만들어 갑니다.

04 마지막 땀 또한 이전 땀 가운데를 가르며 바늘을 찍어줍니다.

05 완성!

롱앤숏 스티치

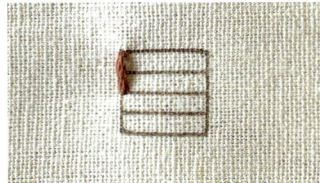

01 맨 윗칸 왼쪽부터 스트레이트 스티치로 한 땀 수놓아줍니다.

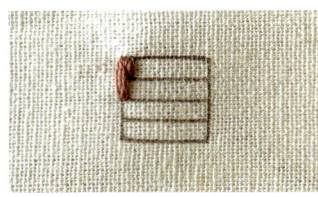

02 긴 땀 바로 옆에 붙어서 짧은 땀을 수놓아줍니다.

03 긴 땀 짧은 땀을 반복하며 첫 번째 칸을 채워줍니다.

04 두 번째 칸부터는 긴 땀으로만 면적을 채워갑니다.

05 두 번째 칸을 채우며 완성!

06 마지막 칸은 긴 땀과 짧은 땀을 반복적으로 수놓으며 마무리합니다.

07 완성!

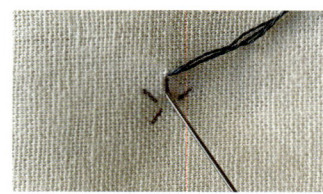

01 그려진 라인에 맞춰서 시작점 올라와 한 땀 수놓아줍니다.

02 스트레이트는 한 땀, 직선으로 수놓는 스티치입니다.

03 완성!

— 응용 | 크로스 모양 만들기

01 한 땀씩 중심으로 모이게 수놓으며 크로스 모양을 만들어줍니다.

02 완성!

블리온 스티치

01 1에서 바늘 올라옵니다.

02 2로 바늘 들어가면서 동시에 1로 빼 줍니다. 이때 바늘은 다 빠지지 않고 걸쳐만 주세요.

03 시계 방향으로 바늘에 실을 감아 줍니다.

04 그려진 라인 길이만큼 실을 감은 뒤, 실을 오른쪽에 둡니다.

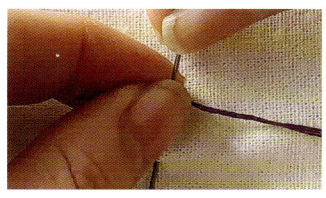

05 왼손으로 감겨진 실을 잡고, 오른손 으로는 바늘을 위로 빼주세요.

06 왼손을 살짝 떼어주고, 감긴 실을 정 리하며 아래 방향으로 실을 천천히 내려 줍니다.

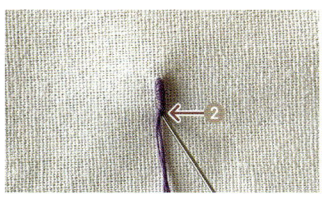

07 손으로 다시 한 번 모양을 예쁘게 만 져주고 2에서 바늘을 뒤로 빼줍니다.

08 완성!

위빙 스티치

01 스트레이트 스티치로 라인 세 개를 만들어줍니다.

02 오른쪽 라인 바깥쪽으로 시작점을 잡고, 바늘 올라온 상태에서 시작합니다. 오른쪽에서 왼쪽 방향으로 바늘을 실의 위-아래-위 순서로 통과시킵니다.

03 이번에는 오른쪽을 향해 바늘을 아래-위-아래로 통과시켜 주세요.

04 위 과정을 반복하며 면적을 채워갑니다.

05 오른쪽 라인 안쪽으로 바늘을 꽂아 뒤로 빼며 마무리합니다.

06 완성!

01 1에서 올라와 2로 바늘을 넣어줍니다.

02 실을 뒤로 다 당기지 않은 상태에서 3으로 바늘 올라옵니다.

03 4에서 바늘을 뒤로 빼주며 고리 하나를 완성합니다. 이때 실이 1과 2를 덮습니다.

04 반복하여 원하는 라인, 면적만큼 고리를 만들어주면 완성!

05 가위로 고리를 잘라주면, 입체감 있는 털 느낌을 표현할 수 있어요.

06 완성!

작
품

선인장 마그넷

서두르지 마. 우리는 예쁜 꽃을 피우게 될 거야.

embroidery 작품

How To's 마그넷은 두 가지 타입으로 만들어 봅니다.

A1 원단 겉감 2장을 포개고, 선인장 바깥쪽 라인에 맞춰 창구멍을 제외한 라인을 백 스티치로 수놓아줍니다.

A2 창구멍을 남겨둔 채 솜과 자석을 넣고 창구멍을 백 스티치로 수놓아줍니다.

A3 백 스티치 라인 바깥쪽으로 1cm 여유를 두고 가위로 오려줍니다.

B1 원단 겉감 2장을 마주보게 포개어줍니다.

B2 창구멍을 남겨둔 채 백 스티치로 박음질하고 1cm 여유를 두고 가위로 오려줍니다.

B3 창구멍을 통해 원단을 뒤집고 솜과 자석을 넣어준 뒤, 공그르기로 마무리합니다.

Type A 완성   Type B 완성

Type A 만들기

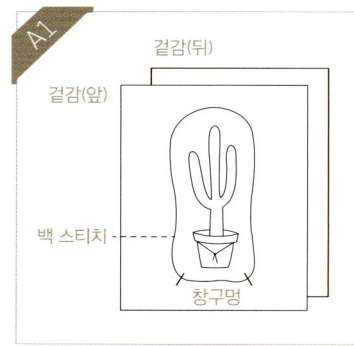

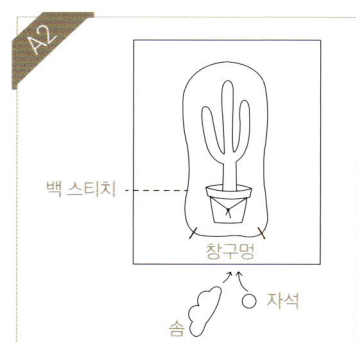

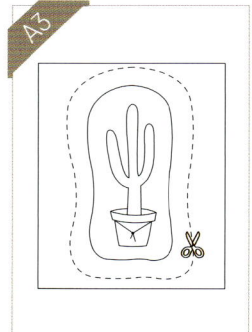

Type B 만들기

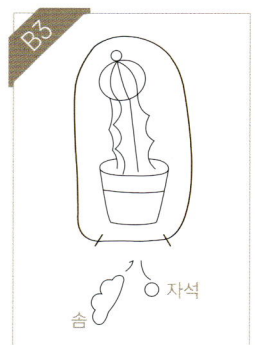

* 수놓은 원단을 뒤집어서 포갭니다

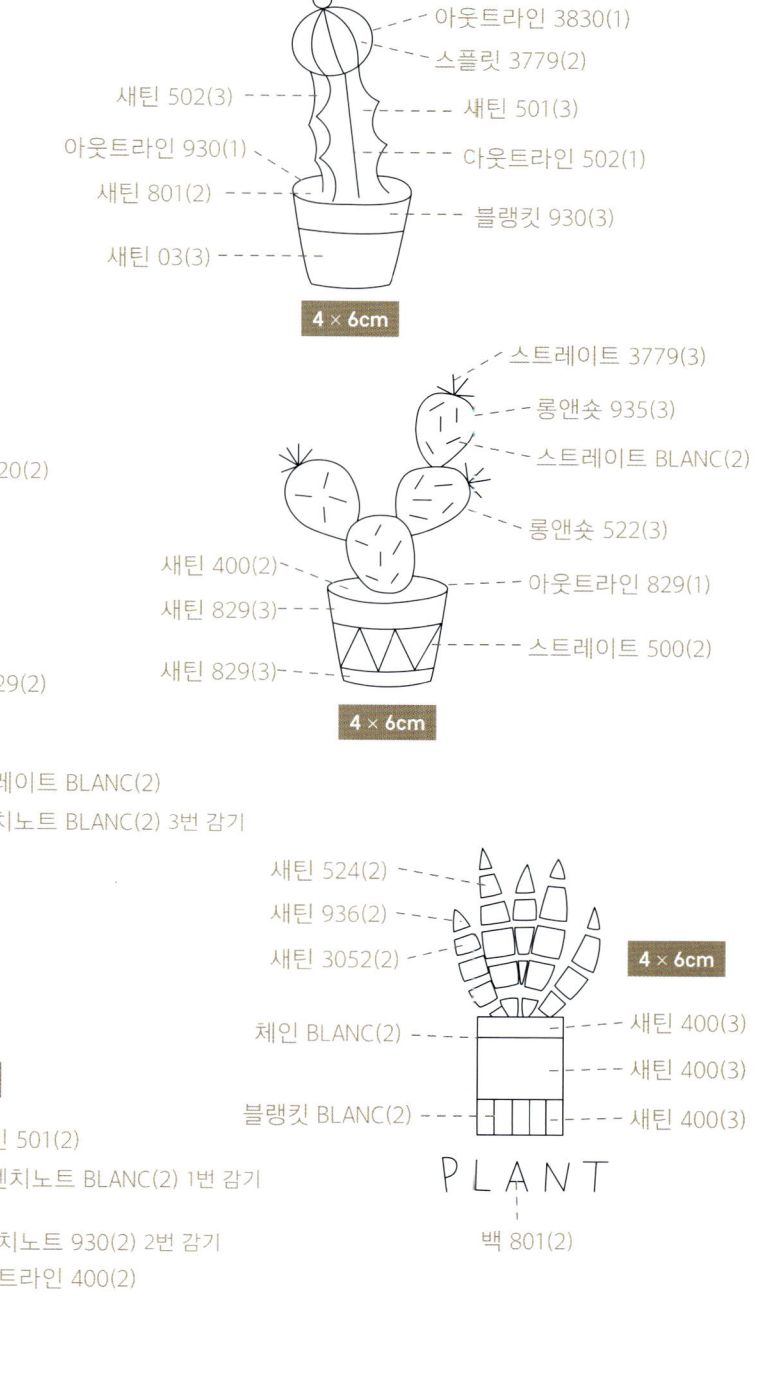

새틴 3830(2)
아웃트라인 3830(1)
스플릿 3779(2)
새틴 502(3)
새틴 501(3)
아웃트라인 930(1)
아웃트라인 502(1)
새틴 801(2)
블랭킷 930(3)
새틴 03(3)

4 × 6cm

스트레이트 3779(3)
롱앤숏 935(3)
스트레이트 BLANC(2)
롱앤숏 522(3)
새틴 400(2)
아웃트라인 829(1)
새틴 829(3)
새틴 829(3)
스트레이트 500(2)

4 × 6cm

스플릿 520(2)

아웃트라인 801(1)
새틴 829(2)
새틴 801(3)
새틴 801(3)
스트레이트 BLANC(2)
프렌치노트 BLANC(2) 3번 감기

4 × 6cm

새틴 524(2)
새틴 936(2)
새틴 3052(2)

4 × 6cm

체인 BLANC(2)
새틴 400(3)
블랭킷 BLANC(2)
새틴 400(3)
새틴 400(3)

P L A N T

백 801(2)

레이지데이지 3830(2)

4 × 6cm

스플릿 503(3)
체인 501(2)
프렌치노트 BLANC(2) 1번 감기
새틴 729(3)
프렌치노트 930(2) 2번 감기
아웃트라인 400(2)
새틴 729(3)

C A C T U S

백 801(2)

민들레 머리핀

민들레 꽃이 피었습니다.
민들레를 수놓아 행복을 담아가세요.

How To's

01 머리핀 프레임 사이즈에 맞춰서 수를 놓아줍니다.

02 수놓은 도안 주위로 여분을 2cm 남기고 가위로 자른 뒤, 원단과 도안
    사이로 러닝 스티치를 수놓아줍니다.

03 프레임을 수놓은 원단 뒷면에 맞추고 바늘을 쭉 당겨 조여주세요.
    그리고는 지그재그로 원단을 집으며 한 번 더 조여줍니다.

04 원단을 다 조였으면 매듭을 지어줍니다.

05 뒷면에 접착 펠트를 붙여주고, 핀을 본드로 붙여줍니다.

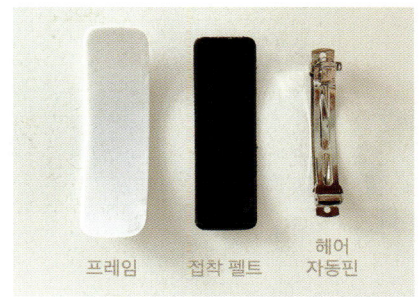

프레임   접착 펠트   헤어
                        자동핀

머리핀 부자재 종류

* 러닝 스티치를 한 후에, 프레임을 뒷면에 놓아주세요.

01

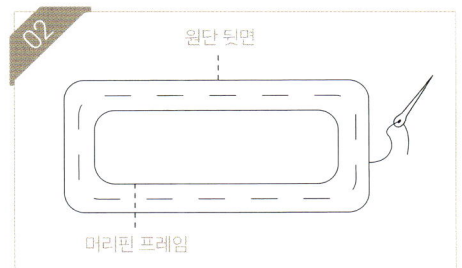

02

원단 뒷면

머리핀 프레임

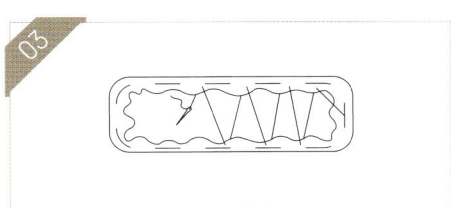

03

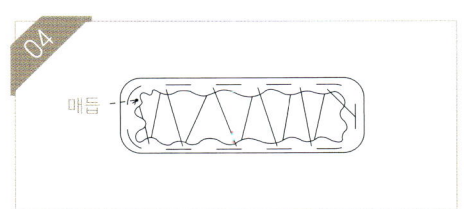

04

매듭

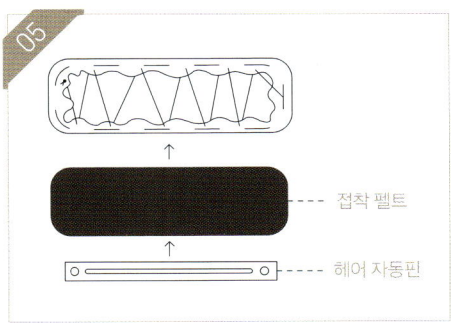

05

접착 펠트

헤어 자동핀

완성!

체인 728(3)

● 스트레이트 3822(6)

블랭킷 728(2)

프렌치노트 783(6) 1번 감기

10 × 3cm

체인 783(3)

● 스트레이트 3822(6)

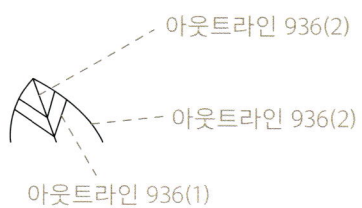

아웃트라인 936(2)

아웃트라인 936(2)

아웃트라인 936(1)

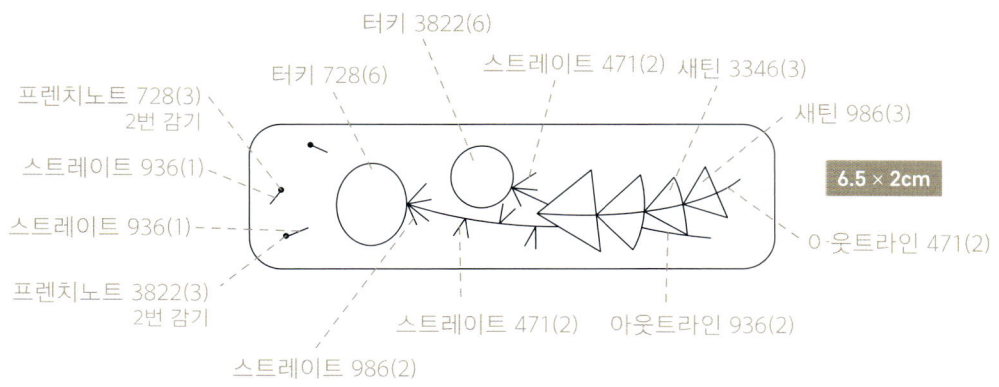

터키 3822(6)
터키 728(6)
스트레이트 471(2) 새틴 3346(3)
프렌치노트 728(3) 2번 감기
새틴 986(3)
스트레이트 936(1)
6.5 × 2cm
스트레이트 936(1)
O-웃트라인 471(2)
프렌치노트 3822(3) 2번 감기
스트레이트 471(2) 아웃트라인 936(2)
스트레이트 986(2)

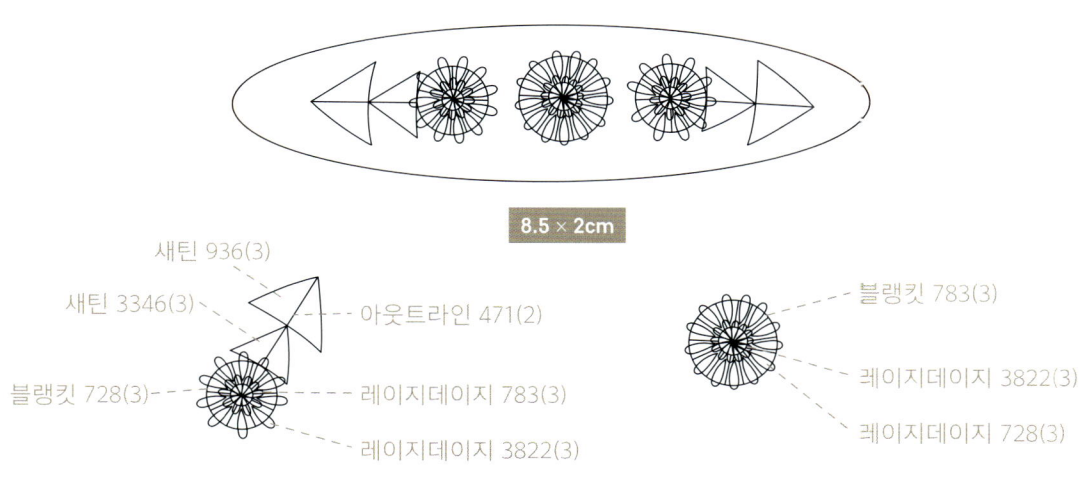

8.5 × 2cm

새틴 936(3)
새틴 3346(3)
아웃트라인 471(2)
블랭킷 728(3)
레이지데이지 783(3)
레이지데이지 3822(3)

블랭킷 783(3)
레이지데이지 3822(3)
레이지데이지 728(3)

point. 민들레 꽃 만드는 순서

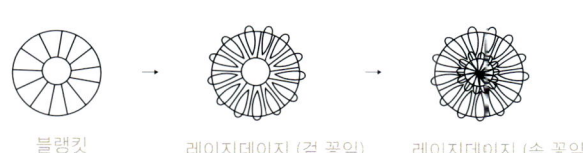

블랭킷   레이지데이지 (겉 꽃잎)   레이지데이지 (속 꽃잎)

Floral embroidery

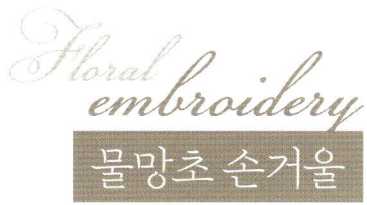

물망초 손거울

나의 마음을 당신에게 전합니다.
나를 잊지 마세요.

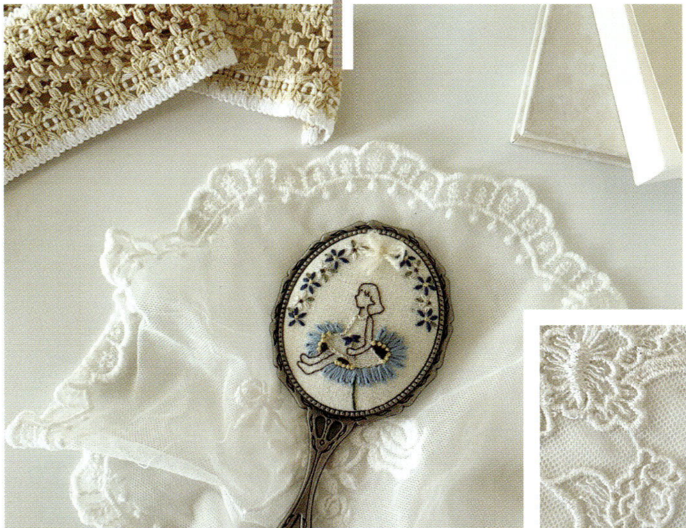

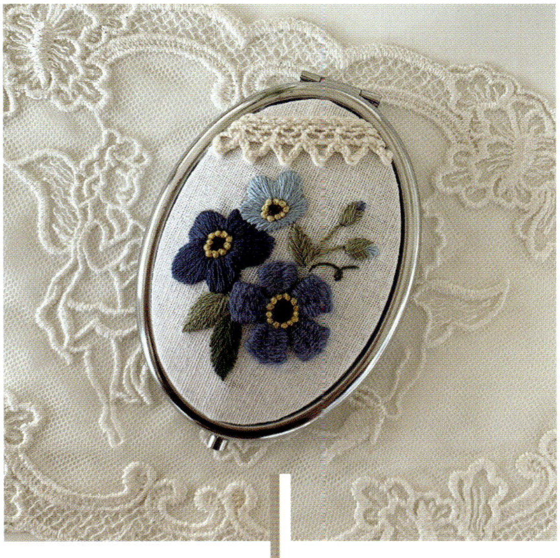

How To's

01 수놓은 도안 주위로 시접을 2cm 남기고 가위로 잘라줍니다.

02 원단과 도안 사이로 러닝 스티치(홈질)를 수놓아줍니다. 수놓은 원단
   뒷면에 거울 프레임을 맞추고 바늘을 쭉 당겨 조여주세요.

03 지그재그로 조여진 원단을 집으며 한 번 더 조여줍니다.
   원단을 다 조였으면 매듭을 짓습니다.

04 뒷면 실 주위에 본드를 바르고 손거울 본체 앞면에 붙여줍니다.

거울 본체   프레임

거울 쿠자재 종류

수놓은 원단 뒷면

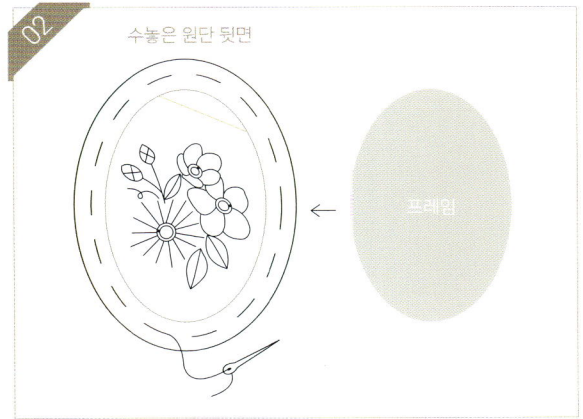

수놓은 원단 뒷면

프레임

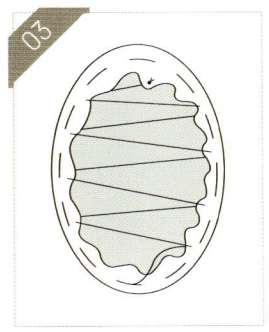

완성!

사용한 실
DMC 25번사
물망초 꽃에 앉은 소녀 - 519, 520,
839, 3031, 3052, 3822, 3842,
ECRU, Appleton 872

물망초 - 519, 520, 3031, 3052,
3371, 3821, 3822, 3842,
Appleton 821

재료
화이트 리넨 10 × 12cm

준비물
거울 부자재, 글루건 혹은 접착본드,
레이스 리본끈 9cm

* Detail

프렌치노트 3822(3) 1번 감기

레이지데이지 3842(2)

아웃트라인 3052(2)

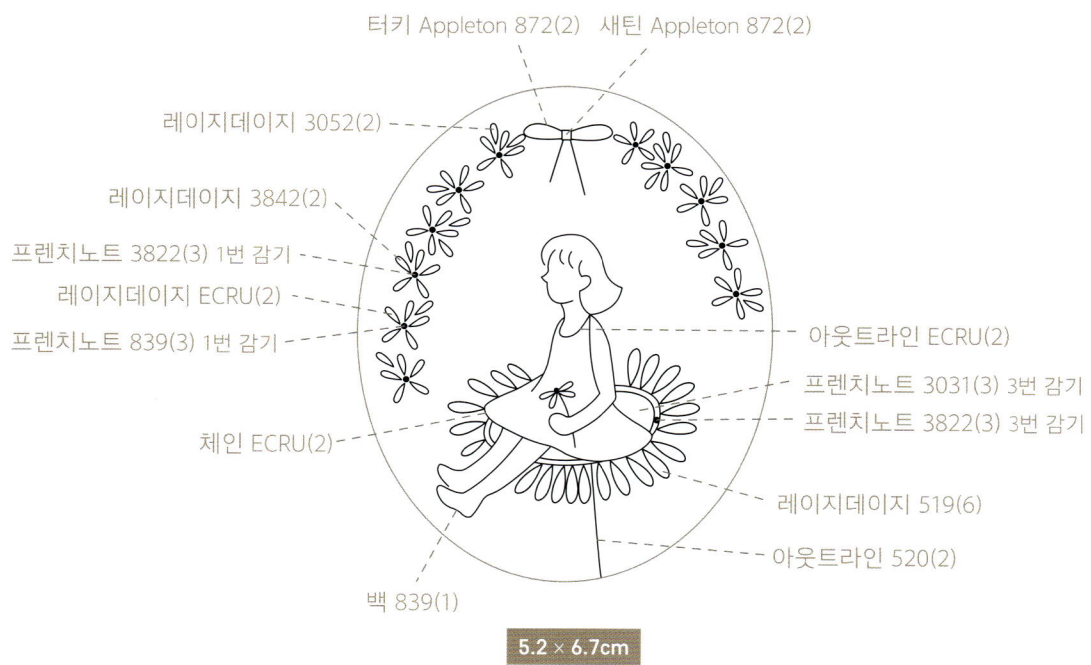

터키 Appleton 872(2) 새틴 Appleton 872(2)

레이지데이지 3052(2)

레이지데이지 3842(2)

프렌치노트 3822(3) 1번 감기

레이지데이지 ECRU(2)

프렌치노트 839(3) 1번 감기

아웃트라인 ECRU(2)

프렌치노트 3031(3) 3번 감기

프렌치노트 3822(3) 3번 감기

체인 ECRU(2)

레이지데이지 519(6)

아웃트라인 520(2)

백 839(1)

5.2 × 6.7cm

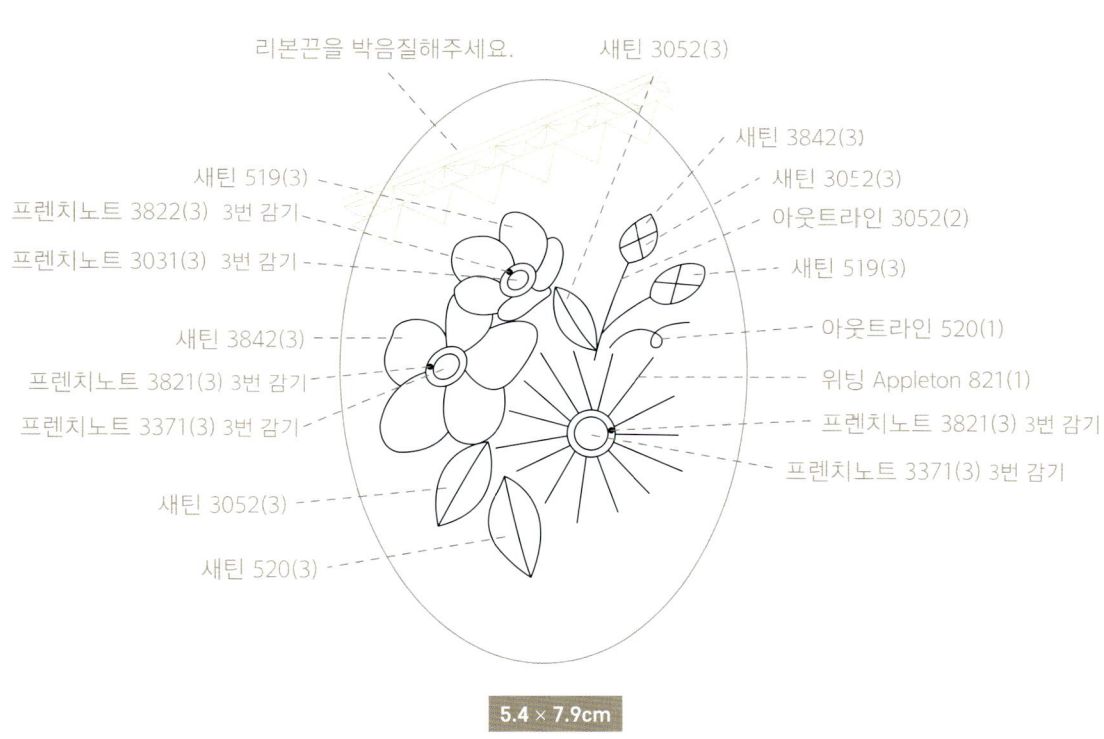

리본끈을 박음질해주세요.   새틴 3052(3)

새틴 3842(3)

새틴 519(3)   새틴 3052(3)

프렌치노트 3822(3) 3번 감기   아웃트라인 3052(2)

프렌치노트 3031(3) 3번 감기   새틴 519(3)

아웃트라인 520(1)

새틴 3842(3)

프렌치노트 3821(3) 3번 감기   위빙 Appleton 821(1)

프렌치노트 3371(3) 3번 감기   프렌치노트 3821(3) 3번 감기

프렌치노트 3371(3) 3번 감기

새틴 3052(3)

새틴 520(3)

5.4 × 7.9cm

Floral embroidery

미니 부케 방향제

변치 않는 사랑과 향기로 한결같이 남아 있을게요.

How To's

01 반 접은 리본끈의 고리 부분이 아래방향으로 오도록 두고, 수놓은 원
     단 중앙에 올립니다. 그리고 뒷면에 들어갈 원단을 덮어주세요.

02 시침핀으로 리본끈을 고정한 후에 방향제 모양에 따라서 창구멍을 제
     외한 라인을 백 스티치로 박음질을 해줍니다.

03 백 스티치 바깥쪽으로 1cm 시접을 두고 원단을 가위로 오려줍니다.
     리본끈을 자르지 않도록 조심해주세요.

04 창구멍을 통해서 원단을 뒤집어주고, 포푸리를 넣어줍니다. 창구멍은
     공구르기로 마무리합니다.

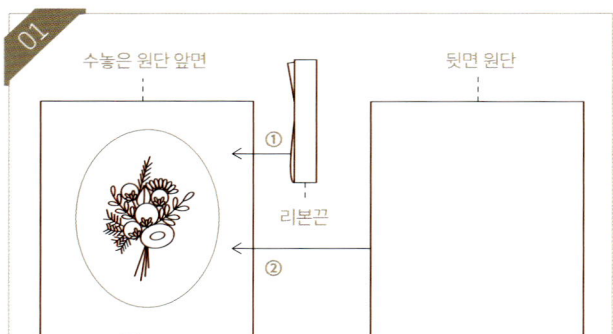

01 수놓은 원단 앞면   뒷면 원단
     ①   ②   리본끈

02 백 스티치
     창구멍

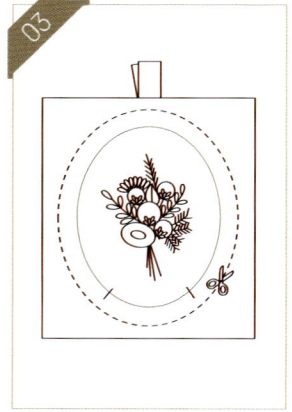

03

04 포푸리

완성!

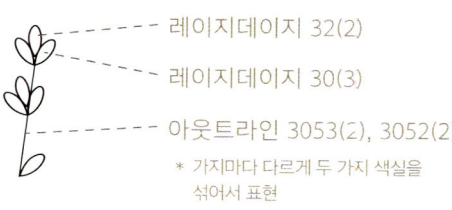

레이지데이지 32(2)

레이지데이지 30(3)

아웃트라인 3053(2), 3052(2)

* 가지마다 다르게 두 가지 색실을 섞어서 표현

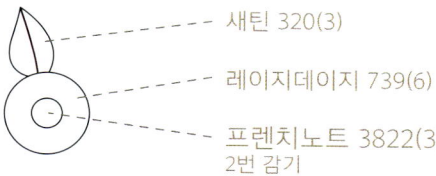

새틴 320(3)

레이지데이지 739(6)

프렌치노트 3822(3)
2번 감기

새틴 Appleton 753(1)

스트레이트 3712(1)

프렌치노트 351(3)
2번 감기

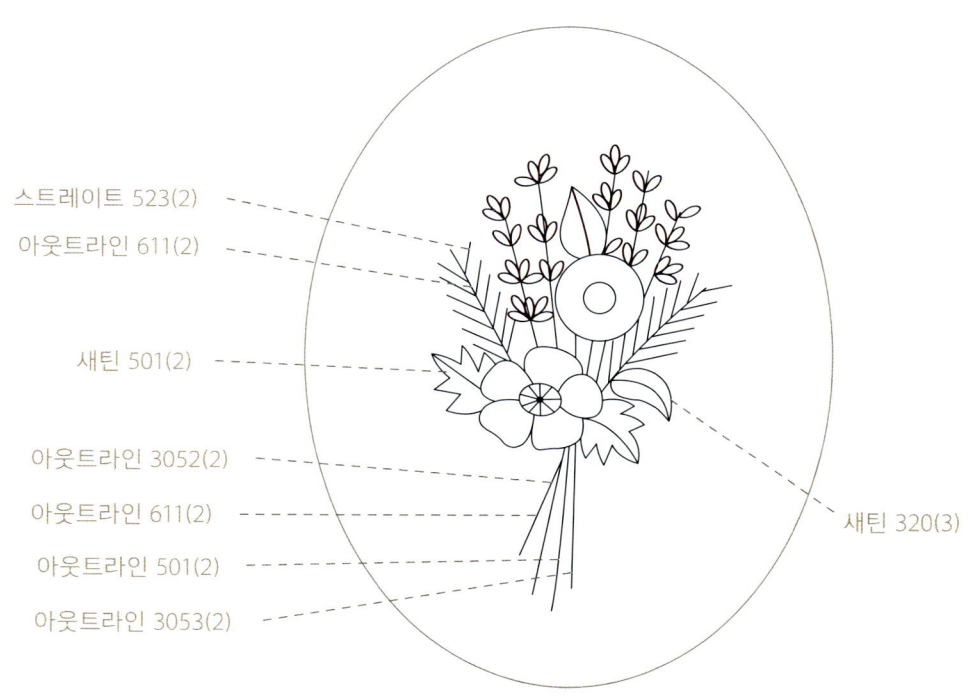

스트레이트 523(2)

아웃트라인 611(2)

새틴 501(2)

아웃트라인 3052(2)

아웃트라인 611(2)

아웃트라인 501(2)

아웃트라인 3053(2)

새틴 320(3)

라벤더 - 7 × 9cm

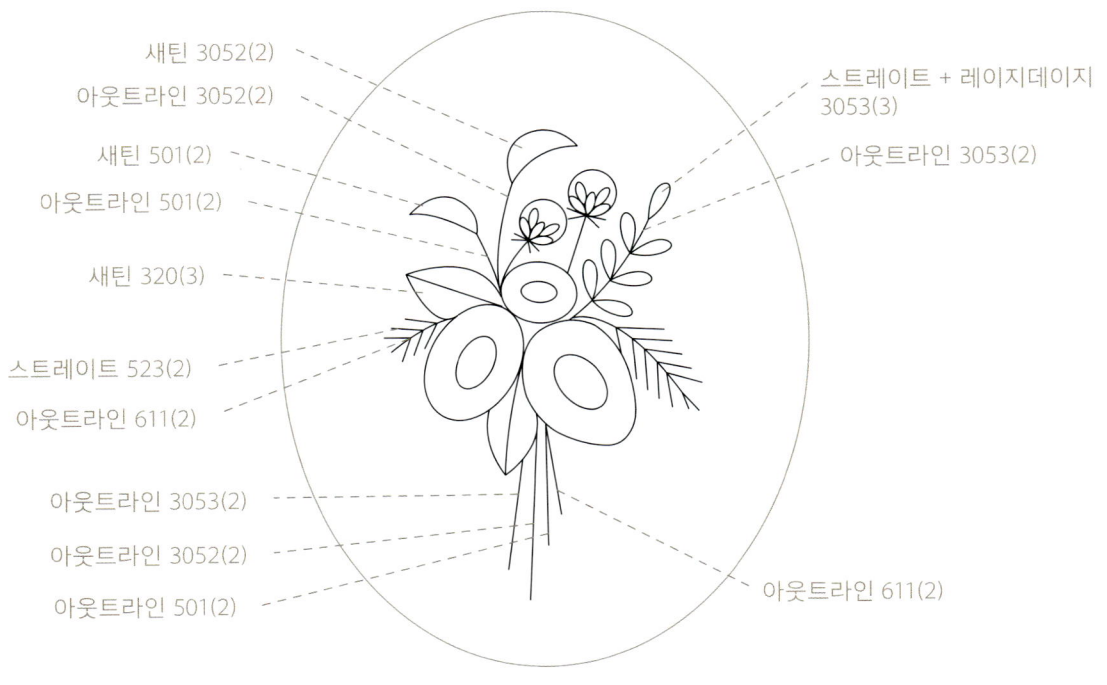

새틴 3052(2)

아웃트라인 3052(2)

새틴 501(2)

아웃트라인 501(2)

새틴 320(3)

스트레이트 523(2)

아웃트라인 611(2)

아웃트라인 3053(2)

아웃트라인 3052(2)

아웃트라인 501(2)

스트레이트 + 레이지데이지 3053(3)

아웃트라인 3053(2)

아웃트라인 611(2)

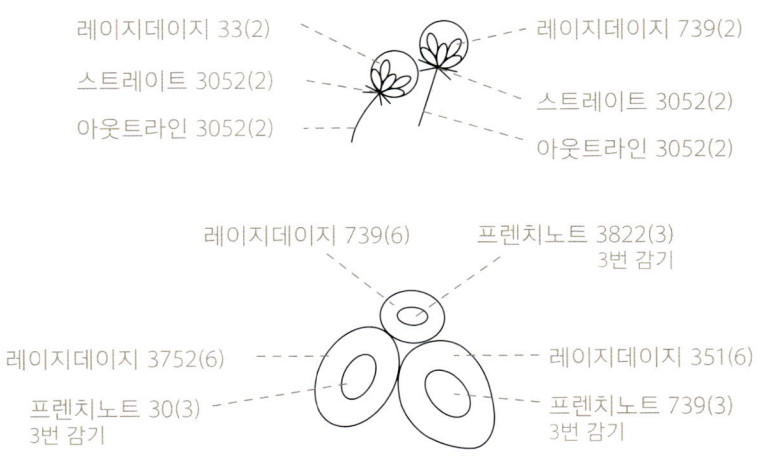

레이지데이지 33(2)

스트레이트 3052(2)

아웃트라인 3052(2)

레이지데이지 739(2)

스트레이트 3052(2)

아웃트라인 3052(2)

레이지데이지 739(6)

프렌치노트 3822(3)
3번 감기

레이지데이지 3752(6)

프렌치노트 30(3)
3번 감기

레이지데이지 351(6)

프렌치노트 739(3)
3번 감기

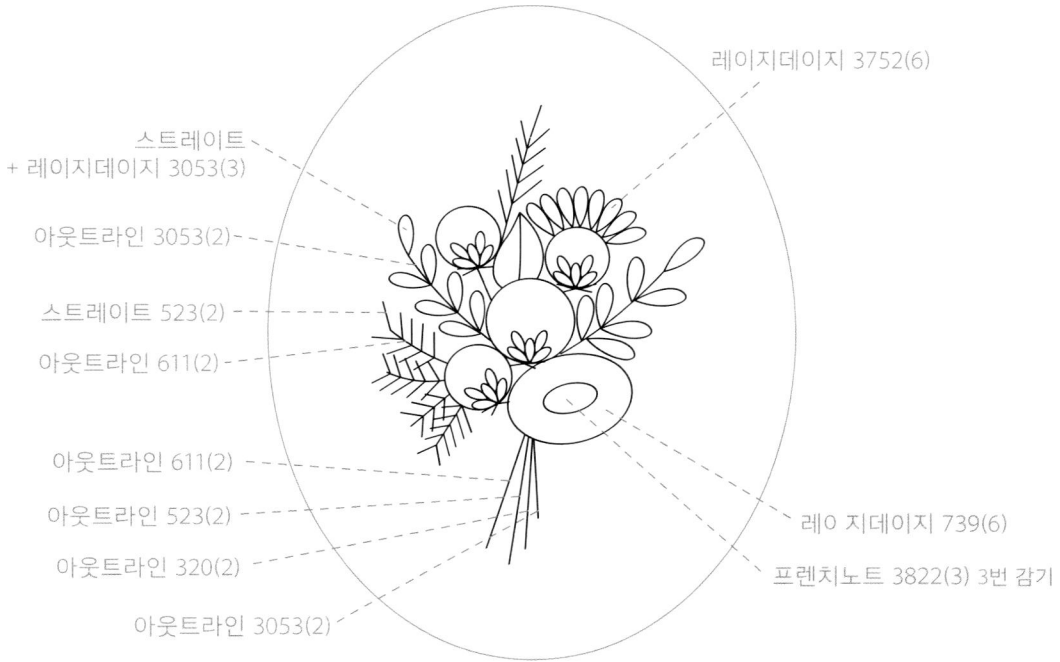

레이지데이지 3752(6)

스트레이트
+ 레이지데이지 3053(3)

아웃트라인 3053(2)

스트레이트 523(2)

아웃트라인 611(2)

아웃트라인 611(2)

아웃트라인 523(2)

아웃트라인 320(2)

아웃트라인 3053(2)

레이지데이지 739(6)

프렌치노트 3822(3) 3번 감기

point. 천일홍을 만들때, 원 안에서 레이지데이지 스티치를
아래에서 위쪽 방향으로 촘촘히 채워줍니다.

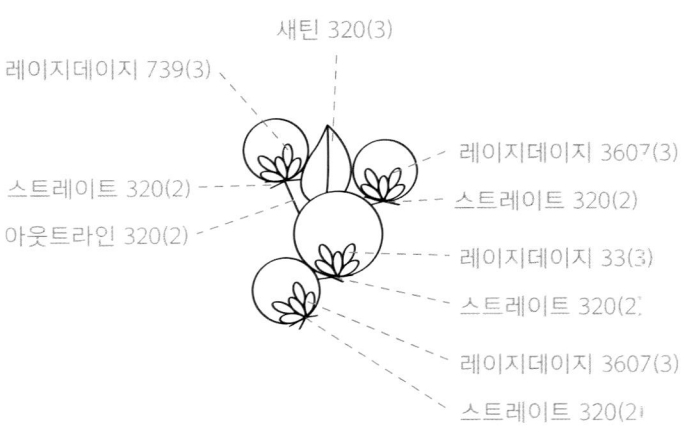

새틴 320(3)

레이지데이지 739(3)

스트레이트 320(2)

아웃트라인 320(2)

레이지데이지 3607(3)

스트레이트 320(2)

레이지데이지 33(3)

스트레이트 320(2)

레이지데이지 3607(3)

스트레이트 320(2)

Floral *embroidery*
벚꽃 파우치

따뜻한 봄이 왔어요.

내가 웃으면, 내가 사랑하는 사람들도 함께 웃겠지요.

우리는 모두 따뜻해질 거랍니다.

도안

사용한 실
DMC 25번사 523, 778, 839, 3041,
3064, 3362, 3687, 3688, 3726,
3830, Appleton 751, Appleton
991B

준비물
핑크 계열 원단 파우치 16 × 22cm

(본 도서에서는
꿈을담은틀 제작 파우치 사용)

프렌치노트 3830(3)
1번 감기

새틴 Appleton 991B(2)

스트레이트 3688(3)

11 × 10cm

백 + 새틴 3830(3)

스트레이트 3362(2)

백 3362(2)

레이지데이지 778(3)

새틴 3041(3)

스트레이트 3687(3)

레이지데이지 778(6)

프렌치노트
Appleton 991B(1)
3번 감기

하프 블랭킷 링
3726(3)

스트레이트
+ 레이지데이지 523(2)

아웃트라인 523(2)

체인 839(2)

프렌치노트 3064(3)
3번 감기

레이지데이지 523(3)

스파이더 웹 로즈
Appleton 751(2)

스트레이트
Appleton 751(1)

체인 3687(3)

체인 3688(3)

point. 하트 테두리를 먼저 만들어준 뒤,
안의 면적을 채워줍니다.

작품   67

Floral embroidery
카네이션 손수건

당신을 향한 감사하는 마음이 꽃으로 피어납니다.

꽃이 피어나는 사계절 자수

도안

사용한 실

DMC 25번사

Love 손수건 - 319, 738, 838, 3011,
3051, 3363, Appleton 503

Thank you 손수건 - 319, 838,
3011, 3051, 3778, Appleton 503

재료

손수건 46 × 46cm

레이지데이지 319(3)

터키 Appleton 503(2)

아웃트라인 319(3)

새틴 319(3)

백 838(2)

새틴 3011(3)

아웃트라인 3011(3)

프렌치노트 738(3) 3번 감기

플라이 3051(3)

Love

5 x 5cm

프렌치노트 3778(3) 3번 감기

플라이 3051(3)

백 838(2)

Thank you

5 x 5cm

터키 Appleton 503(2)

레이지데이지 319(3)

새틴 319(3)

아웃트라인 319(3)

아웃트라인 3011(3)

새틴 3011(3)

Floral
embroidery

해바라기 티슈케이스

그대만을 바라봅니다.
언제나 그대와 함께여서 행복합니다.

도안

사용한 실

DMC 25번사 434, 725, 726, 728,
801, 938, 987, 989, 3776, BLANC

준비물

화이트 광목으로 만들어진
티슈케이스 24 × 12cm / 높이 10cm

* 꽃 중심 표일드 라인
● 스트레이트 라인 3776(1)

13 × 4.5cm

아웃트라인 987(2)

레이지데이지 BLANC(3)

프렌치노트 434(3)
3번 감기

레이지데이지 725(3)

프렌치노트 801(3) 3번 감기

새틴 987(3)

아웃트라인 987(2)

새틴 989(3)

롱앤숏 725(3)

새틴 989(3)

새틴 987(3)

프렌치노트 938(6)
1번 감기

프렌치노트 434(6)
1번 감기

프렌치노트 801(6) 1번 감기

롱앤숏 726(3)

롱앤숏 728(3)

아웃트라인 987(2)
3번 감기

프렌치노트 434(3)
3번 감기

새틴 987(3)

레이지데이지 BLANC(3)

아웃트라인 987(2)

새틴 989(3)

레이지데이지 989(2)

프렌치노트 801(3)
3번 감기

아웃트라인 987(3)

레이지데이지 725(3)

새틴 987(3)

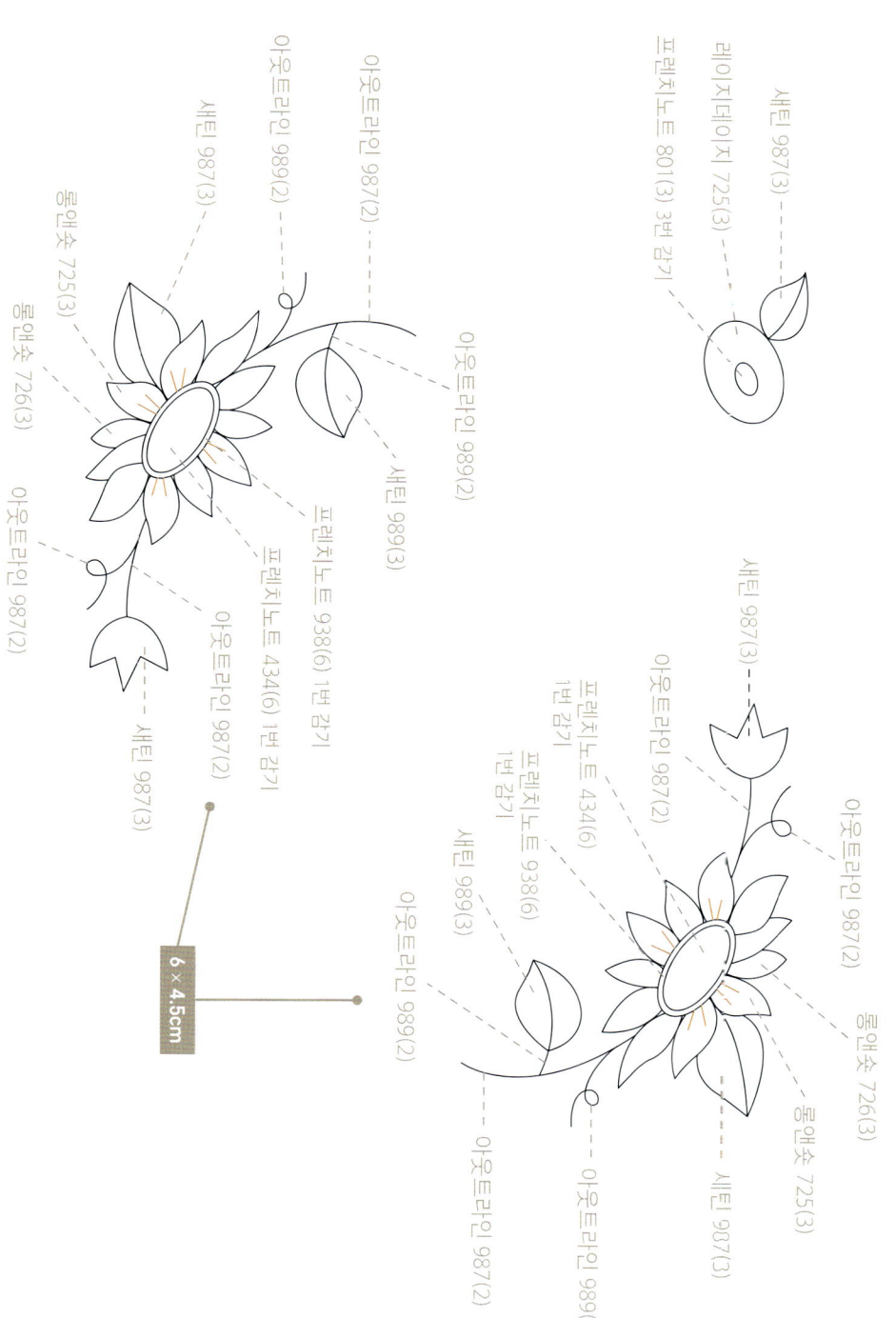

새틴 987(3)

레이지데이지 725(3)

프렌치노트 801(3) 3번 감기

새틴 987(3)

아웃라인 989(2)

아웃라인 987(2)

새틴 987(3)

풀애스 725(3)

풀애스 726(3)

아웃라인 989(2)

새틴 989(3)

프렌치노트 938(6) 1번 감기

프렌치노트 434(6) 1번 감기

아웃라인 987(2)

새틴 987(3)

6 × 4.5cm

아웃라인 987(2)

풀애스 726(3)

풀애스 725(3)

새틴 987(3)

아웃라인 989(2)

프렌치노트 434(6) 1번 감기

프렌치노트 938(6) 1번 감기

새틴 989(3)

아웃라인 987(2)

아웃라인 989(2)

Floral *embroidery*
You and me, Thank you 카드

You and me
너와 내가 함께하는 날. 행운이 다가올 거야

Thank you
고마운 마음을 너에게 전해.

01   종이카드 속면에 양면 테이프를 붙여주고 수놓은 원단을 고정합니다.

02   카드 속면에서 수놓은 원단이 보이지 않도록 같은 재질의 종이를 붙여
줍니다. 테두리 부분에 양면 테이프를 붙여주세요.

    * 원형 카드 또한 같은 방법으로 진행합니다.

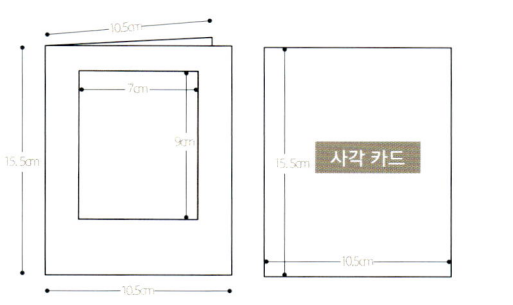

사각 카드

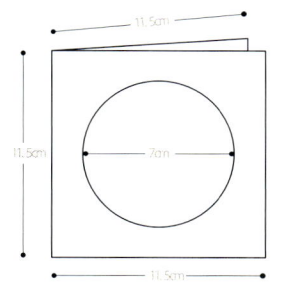

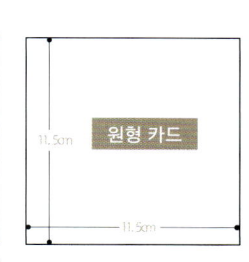

원형 카드

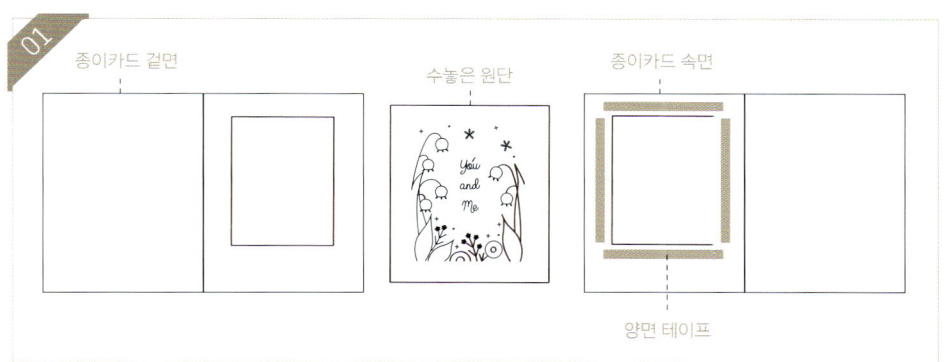

01

종이카드 겉면   수놓은 원단   종이카드 속면

양면 테이프

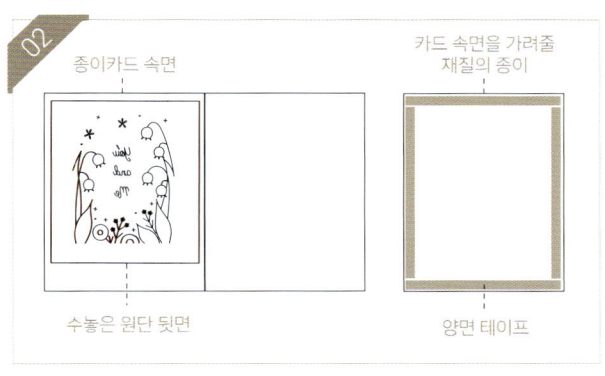

02

종이카드 속면   카드 속면을 가려줄
재질의 종이

수놓은 원단 뒷면   양면 테이프

완성!

③

embroidery 작품

도안

사용한 실
DMC 25번사
You and me 웨딩 카드 - 407, 524, 822, 3362, 3363, 3778, 3856, 3862, Appleton 991B
Thank you 감사 카드 - 221, 319, 520, 840, 935, 3011, 3031, 3033, 3064, 3363, Appleton 991B

재료
그린색 리넨 10 × 12cm,
베이지 리넨 9 × 9cm

준비물
종이카드, 양면 테이프

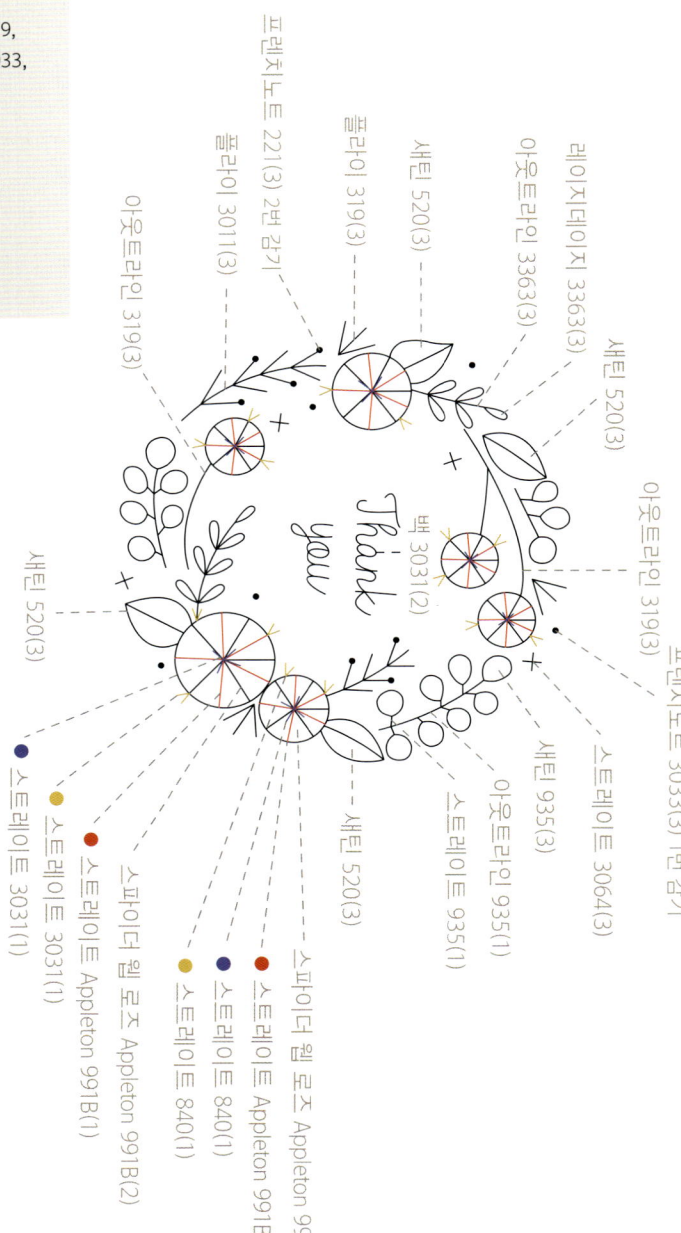

프렌치노트 221(3) 2번 감기
플라이 3011(3)
아웃트라인 319(3)
플라이 319(3)
새틴 520(3)
아웃트라인 3363(3)
레이지데이지 3363(3)
새틴 520(3)
아웃트라인 319(3)
프렌치노트 3033(3) 1번 감기
새틴 520(3)
백 3031(2)
새틴 520(3)
아웃트라인 935(1)
스트레이트 3064(3)
아웃트라인 935(3)
스트레이트 935(1)
스트레이트 3031(1)
스트레이트 Appleton 991B(1)
스파이더웹 로즈 Appleton 991B(2)
스트레이트 840(1)
스트레이트 Appleton 991B(1)
스트레이트 840(1)

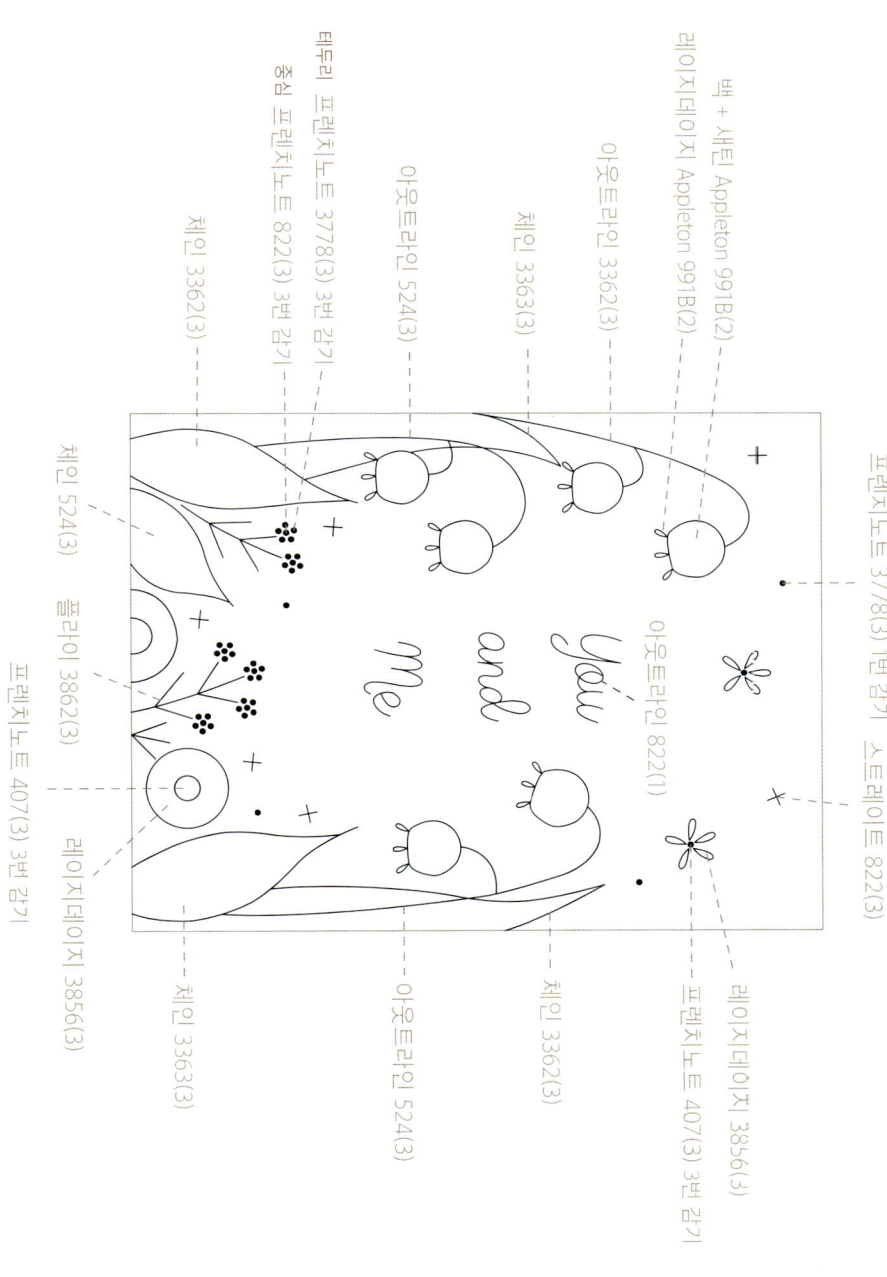

백 + 새틴 Appleton 991B(2)

레이지데이지 Appleton 991B(2)

아웃트라인 3362(3)

체인 3363(3)

아웃트라인 524(3)

촘촘 프렌치노트 822(3) 3번 감기

테두리 프렌치노트 3778(3) 3번 감기

체인 3362(3)

체인 524(3)

풀라이 3862(3)

프렌치노트 407(3) 3번 감기

체인 3363(3)

아웃트라인 524(3)

체인 3362(3)

아웃트라인 822(1)

레이지데이지 3856(3)

프렌치노트 407(3) 3번 감기

프렌치노트 3778(3) 1번 감기 스트레이트 822(3)

Floral
embroidery

니들케이스

01   원단(겉면, 속면), 접착솜을 준비해줍니다.

02   접착솜, 속면, 뒤집은 상태의 겉면을 포개어 줍니다.

03   시침핀으로 고정한 후 창구멍을 제외하고 본 사이즈에 따라서 백 스티치로 박음질해줍니다.

04   창구멍을 통해 원단을 뒤집고, 공구르기로 마무리합니다.

완성!

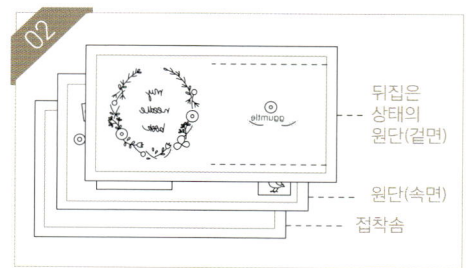

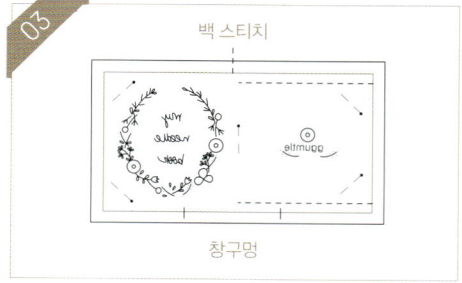

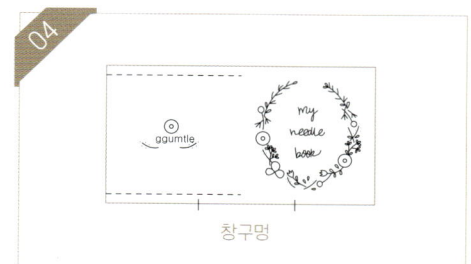

사용한 실
DMC 25번사 28, 580, 839, 977,
3012, 3362, 3746, 3772, Appleton
991B, Appleton 755

준비물
접착솜 25 × 16cm , 귀자석, 펠트지,
단추, 면 라벨 (속면 꾸미는 용도) 등
속면 꾸밀 부자재

재료
베이지 리넨 25 × 16cm ,
문양이 들어간 원단 25 × 16cm

* 시접 포함 여유있게 재단한 사이즈

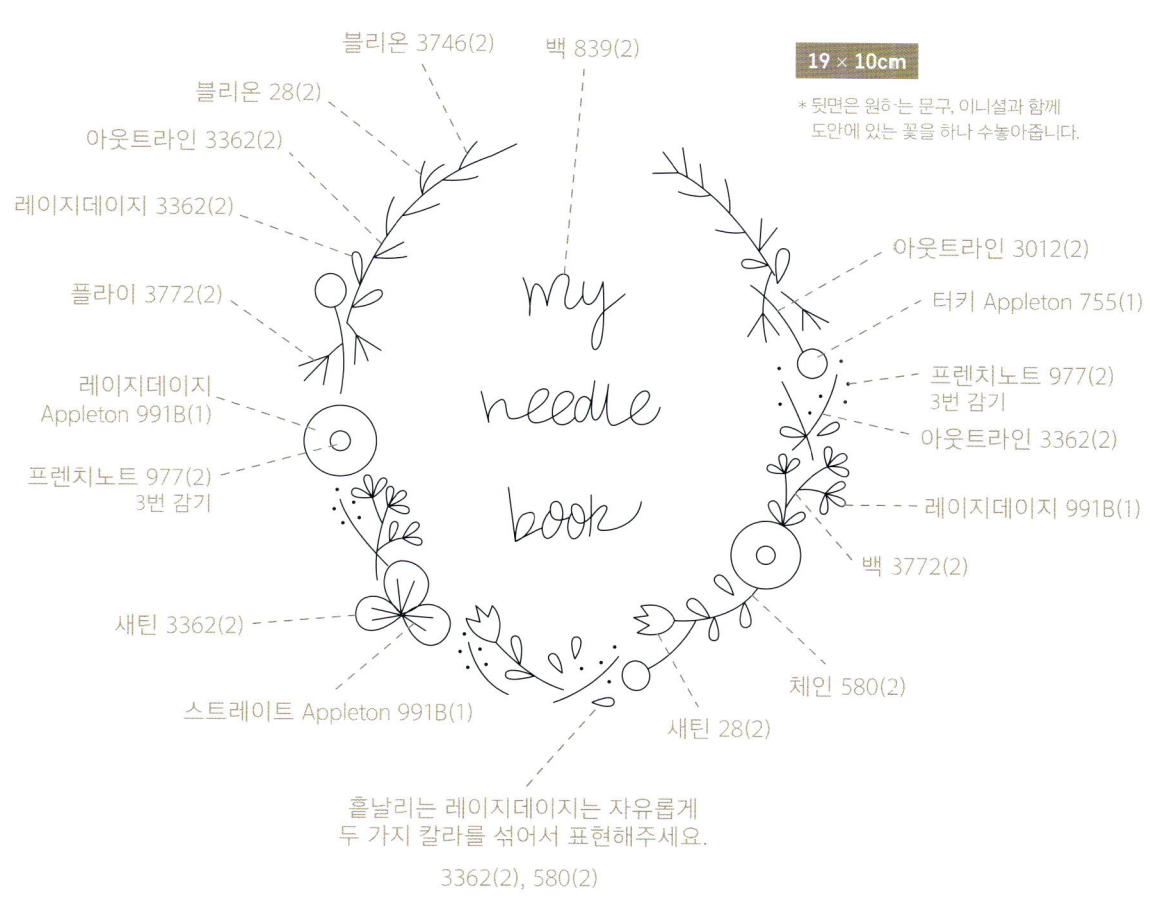

블리온 3746(2)
백 839(2)
블리온 28(2)
아웃트라인 3362(2)
레이지데이지 3362(2)

19 × 10cm

* 뒷면은 원하·는 문구, 이니셜과 함께
   도안에 있는 꽃을 하나 수놓아줍니다.

플라이 3772(2)
아웃트라인 3012(2)
터키 Appleton 755(1)

레이지데이지
Appleton 991B(1)
프렌치노트 977(2)
3번 감기

프렌치노트 977(2)
3번 감기
아웃트라인 3362(2)

레이지데이지 991B(1)
백 3772(2)

새틴 3362(2)
체인 580(2)

스트레이트 Appleton 991B(1)
새틴 28(2)

흩날리는 레이지데이지는 자유롭게
두 가지 칼라를 섞어서 표현해주세요.
3362(2), 580(2)

Floral *embroidery*

청병 마개

3

01 원단 위에 도안대로 수놓은 뒤 도안의 원 바깥쪽으로 4cm 여유를 두고
테두리 라인을 수놓아 줍니다.

02 테두리 라인 바깥쪽으로 1cm 여유를 두고 가위로 원단을 잘라줍니다.

01~2

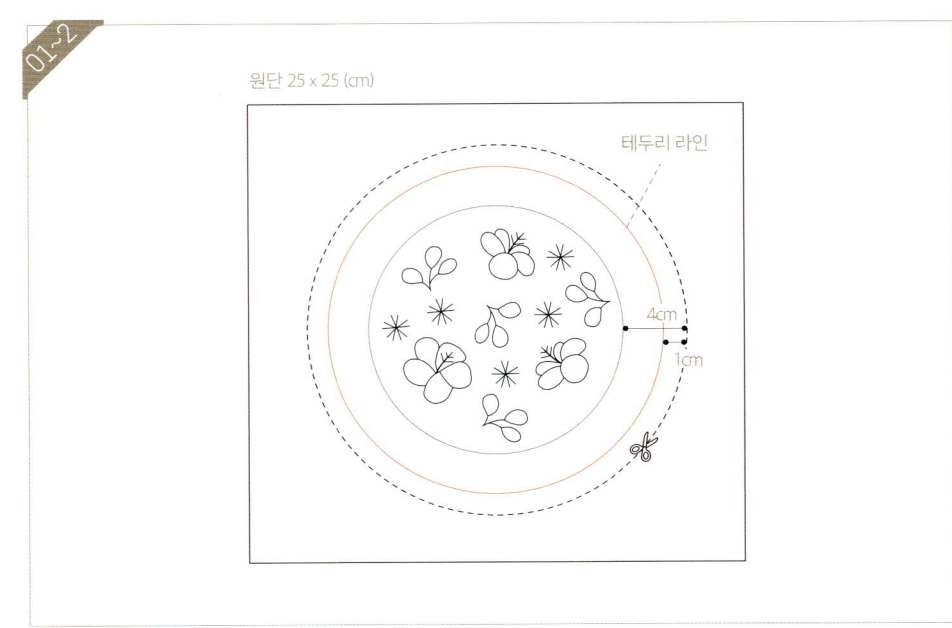

원단 25 x 25 (cm)

테두리 라인

4cm

1cm

도안

사용한 실

DMC 25번사

히비스커스 - 21, 355, 783, 3051, 3830

카모마일 - 367, 368, 3821, 3822, 3866

로즈 - 315, 316, 500, 3011

재료

베이지, 아이보리, 브라운 원단
25 × 25cm

● 테두리 라인 블랭킷 355(3)

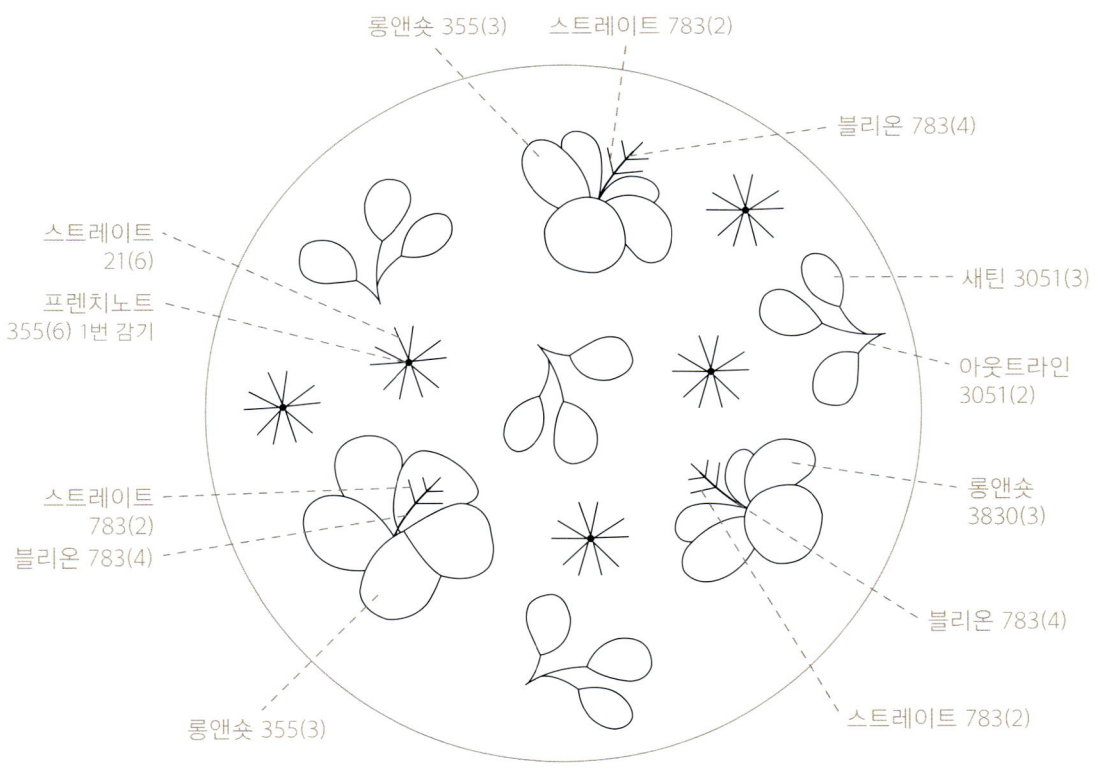

롱앤숏 355(3)　　스트레이트 783(2)

블리온 783(4)

스트레이트
21(6)

프렌치노트
355(6) 1번 감기

새틴 3051(3)

아웃트라인
3051(2)

롱앤숏
3830(3)

스트레이트
783(2)

블리온 783(4)

블리온 783(4)

롱앤숏 355(3)

스트레이트 783(2)

히비스커스 - 9.5 × 9.5cm

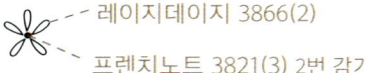 ● 테두리 라인 ─── 레이지데이지 3866(2)
─── 프렌치노트 3821(3) 2번 감기

카모마일 - 9.5 × 9.5cm

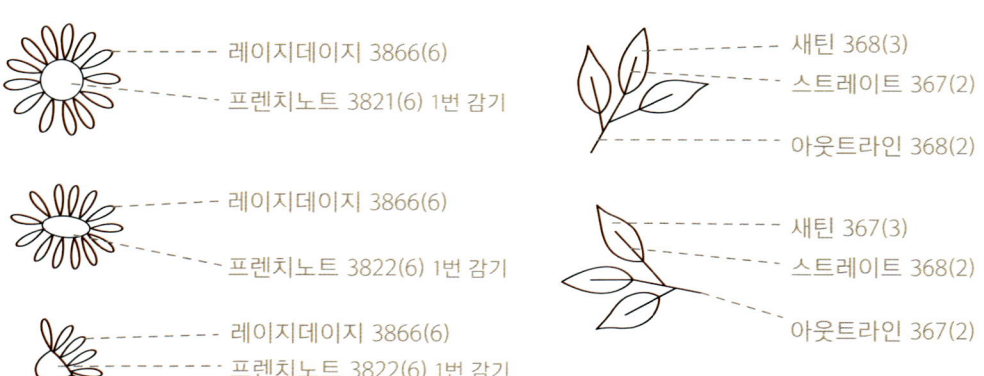

레이지데이지 3866(6)
프렌치노트 3821(6) 1번 감기

레이지데이지 3866(6)
프렌치노트 3822(6) 1번 감기

레이지데이지 3866(6)
프렌치노트 3822(6) 1번 감기

새틴 368(3)
스트레이트 367(2)
아웃트라인 368(2)

새틴 367(3)
스트레이트 368(2)
아웃트라인 367(2)

● 테두리 라인 휘프트백 316(6), 315(3)

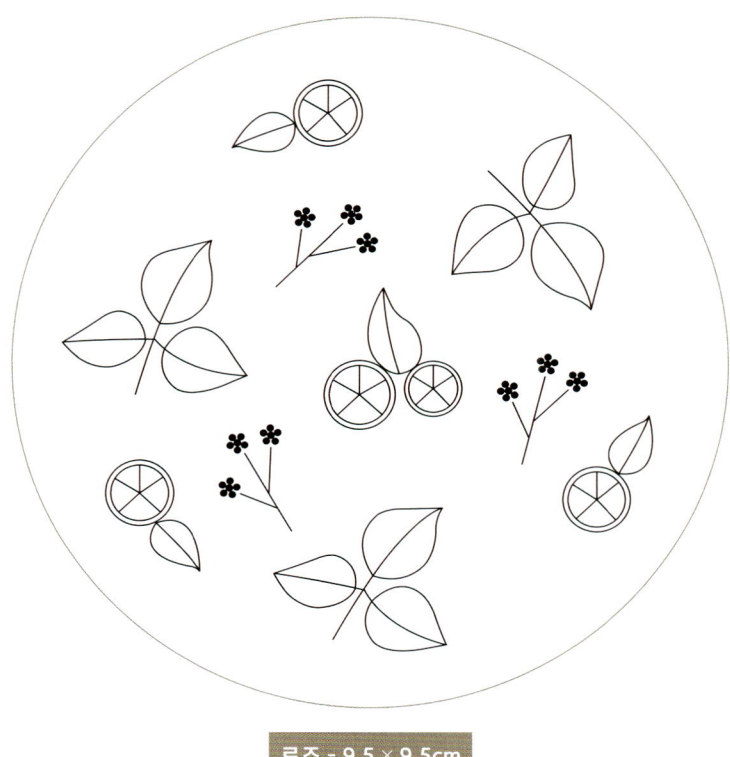

로즈 - 9.5 × 9.5cm

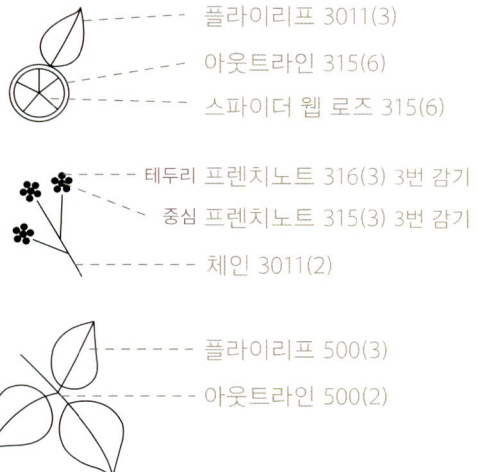

플라이리프 3011(3)

아웃트라인 315(6)

스파이더 웹 로즈 315(6)

아웃트라인 315(6)

스파이더 웹 로즈
315(6)

플라이리프
3011(3)

아웃트라인
316(6)

스파이더 웹 로즈 316(6)

테두리 프렌치노트 316(3) 3번 감기

중심 프렌치노트 315(3) 3번 감기

체인 3011(2)

플라이리프 500(3)

아웃트라인 500(2)

I love you more than anyone else

Floral
embroidery

동백꽃 테이블매트

동백꽃 피어나는 그 자리에서 언제나 당신을 기다릴게요.
당신이 나에게 오는 날을 기다리며...

사용한 실

DMC 25번사 09, 32, 167, 221, 310, 317, 355, 501, 561, 676, 839, 3750, 3781,ECRU, Appleton 757, Appleton 758, Appleton 759

재료

베이지 리넨 테이블매트 50 × 35cm

체인 221(3)

프렌치노트 676(3) 3번 감기

체인 ECRU(2)

3 × 3cm

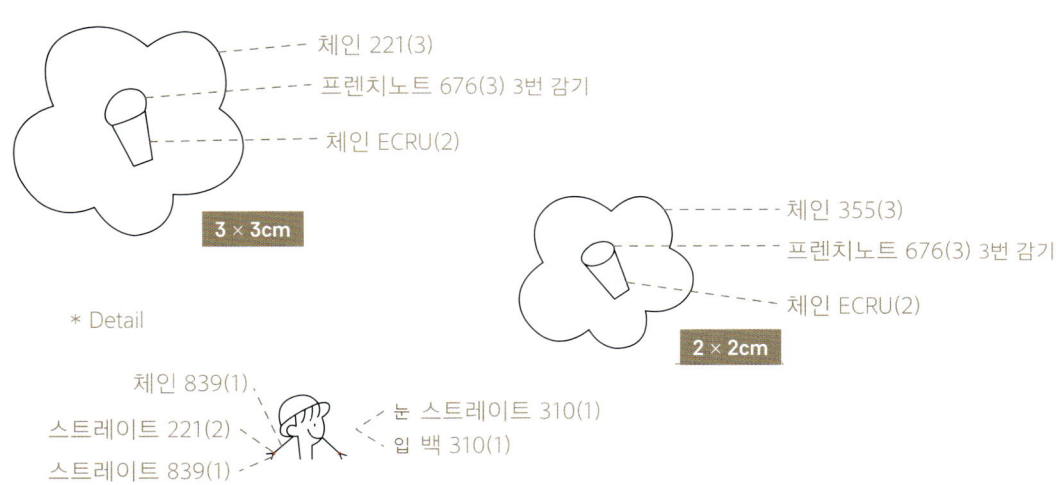

체인 355(3)

프렌치노트 676(3) 3번 감기

체인 ECRU(2)

2 × 2cm

* Detail

체인 839(1)

스트레이트 221(2)

스트레이트 839(1)

눈 스트레이트 310(1)

입 백 310(1)

새틴 221(2)

아웃트라인 167(1)

레이지데이지 561(2)

아웃트라인 561(2)

아웃트라인 167(1)

스트레이트 167(1)

스트레이트 32(1)

백 839(1)

아웃트라인 221(1)

스트레이트 839(1)

백 839(1)

스트레이트 32(2)

백 32(3)

백 839(1)

백 676(3)

새틴 310(2)

2.2 × 4.5cm

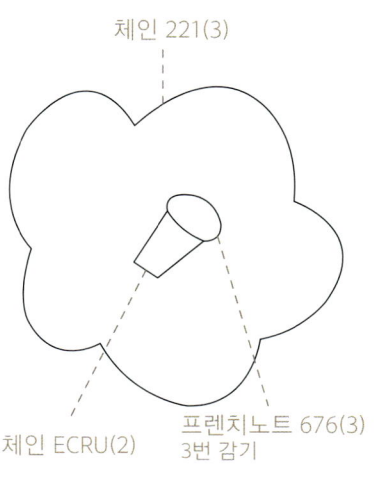

체인 221(3)

체인 ECRU(2)

프렌치노트 676(3) 3번 감기

4.5 × 4.5cm

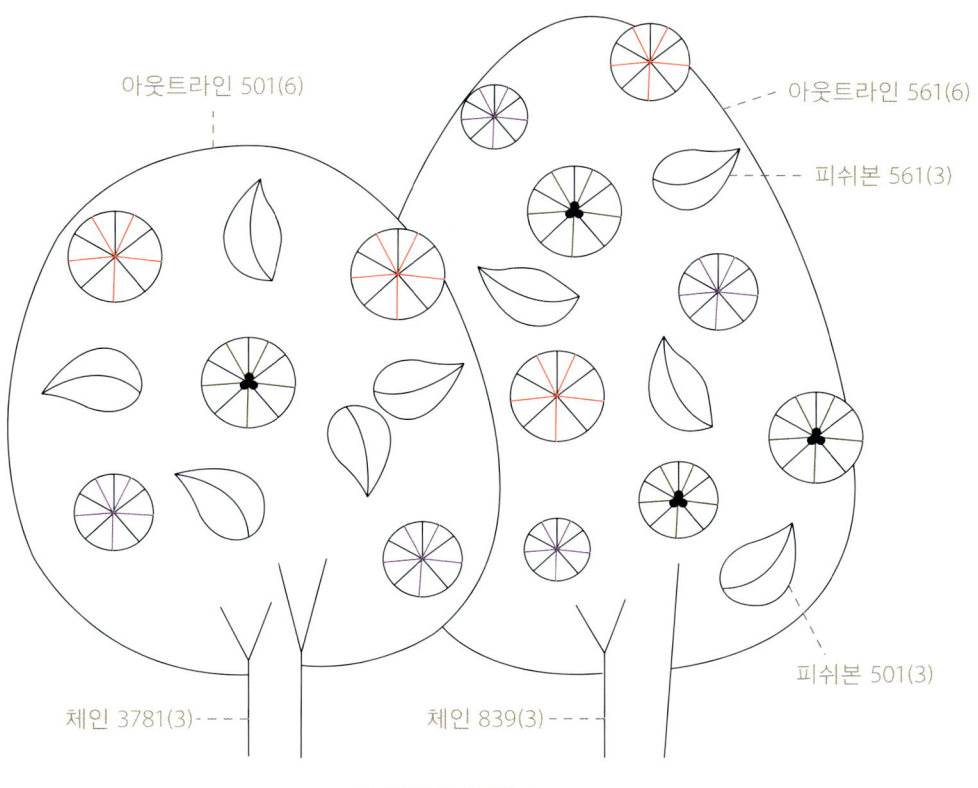

아웃트라인 501(6)

아웃트라인 561(6)

피쉬본 561(3)

체인 3781(3)

체인 839(3)

피쉬본 501(3)

11.5 × 10.5cm

스파이더 웹 로즈 Appleton 759(2)

● 스트레이트 Appleton 759(1)

프렌치노트 676(3) 3번 감기

스파이더 웹 로즈 Appleton 758(2)

● 스트레이트 Appleton 758(1)

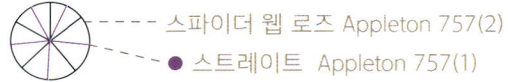

스파이더 웹 로즈 Appleton 757(2)

● 스트레이트 Appleton 757(1)

체인 355(3)

프렌치노트 676(3) 3번 감기

체인 ECRU(2)

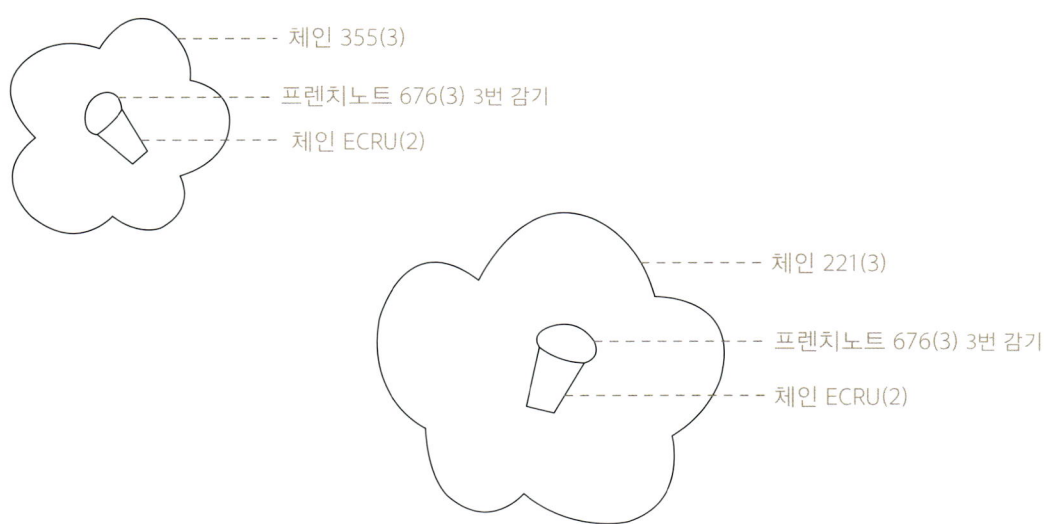

체인 355(3)

프렌치노트 676(3) 3번 감기

체인 ECRU(2)

체인 221(3)

프렌치노트 676(3) 3번 감기

체인 ECRU(2)

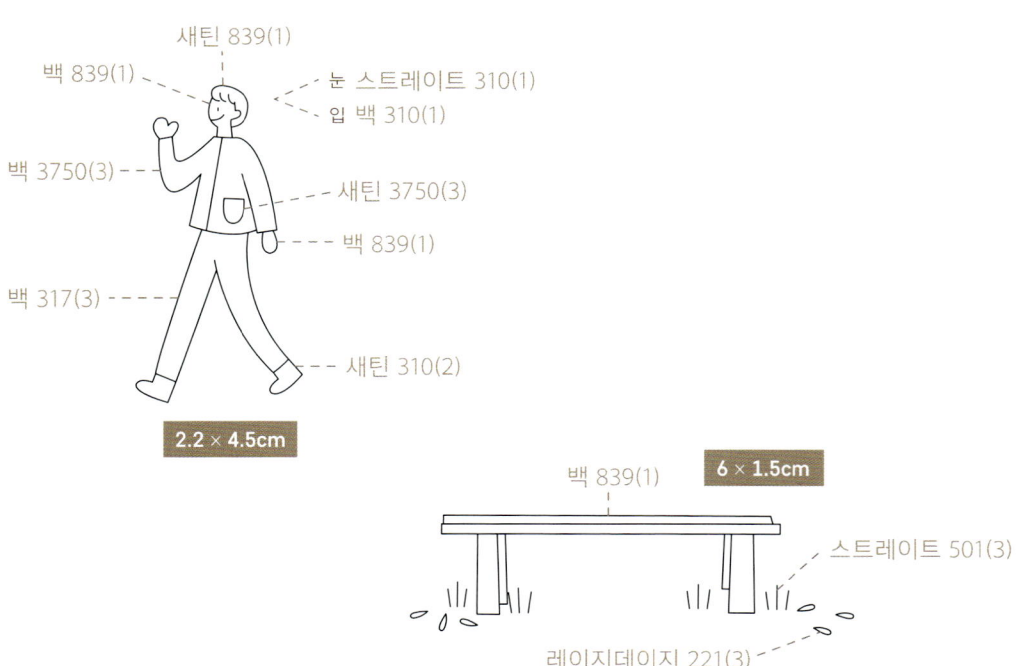

새틴 839(1)

백 839(1)

눈 스트레이트 310(1)
입 백 310(1)

백 3750(3)

새틴 3750(3)

백 839(1)

백 317(3)

새틴 310(2)

2.2 × 4.5cm

백 839(1)

6 × 1.5cm

스트레이트 501(3)

레이지데이지 221(3)

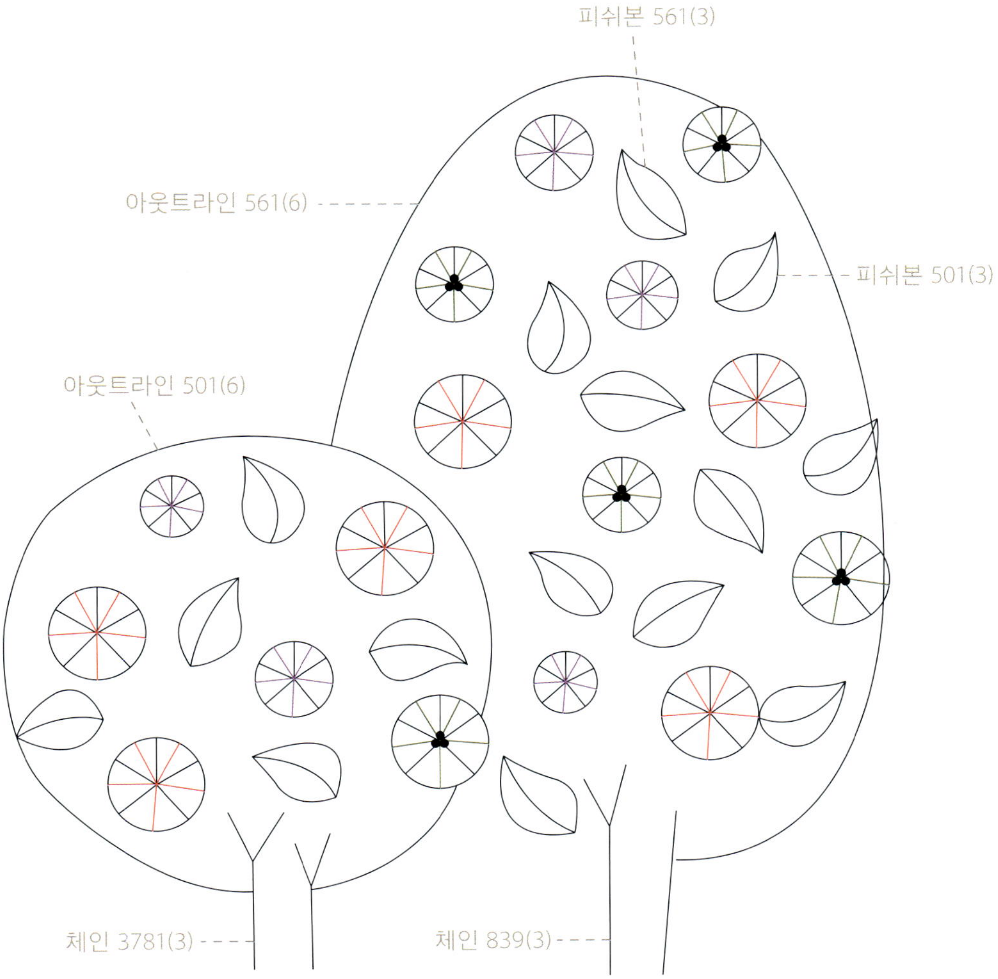

피쉬본 561(3)

아웃트라인 561(6) - - - - - -

피쉬본 501(3)

아웃트라인 501(6)

체인 3781(3) - - - -

체인 839(3) - - - -

11.5 × 10.5cm

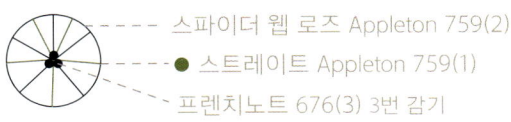
스파이더 웹 로즈 Appleton 759(2)
● 스트레이트 Appleton 759(1)
프렌치노트 676(3) 3번 감기

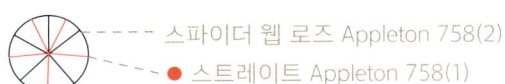
스파이더 웹 로즈 Appleton 758(2)
● 스트레이트 Appleton 758(1)

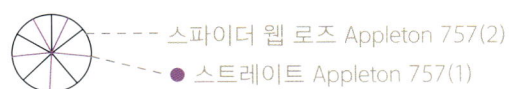
스파이더 웹 로즈 Appleton 757(2)
● 스트레이트 Appleton 757(1)

글씨 체인 09(2)

I love you more

than anyone else

Floral embroidery
동백꽃 티코스터

그대만을 바라봅니다. 언제나 그대와 함께여서 행복합니다.

How To's

01 반 접은 리본 끈 고리 부분이 아래 방향으로 오도록 두고, 수놓은 원단 중앙에 올립니다. 그리고 뒷면에 들어갈 원단을 덮어주세요.

02 시침핀으로 리본 끈을 고정한 후에 티코스터 원 모양에 따라 창구멍을 제외한 라인을 백 스티치로 박음질해줍니다.

03 백 스티치 바깥쪽으로 1cm 시접을 두고 원단을 가위로 오려줍니다. 리본 끈을 자르지 않도록 조심하세요.

04 창구멍을 통해서 원단을 뒤집은 후, 공구르기로 마무리합니다.

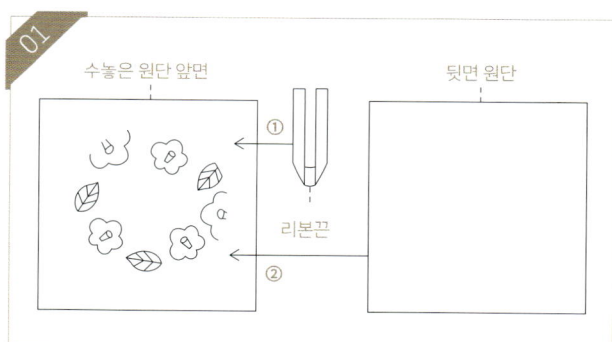

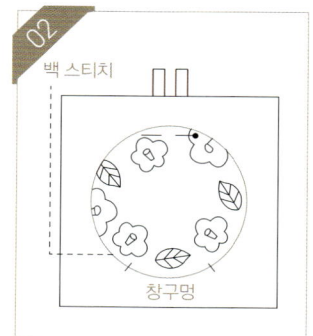

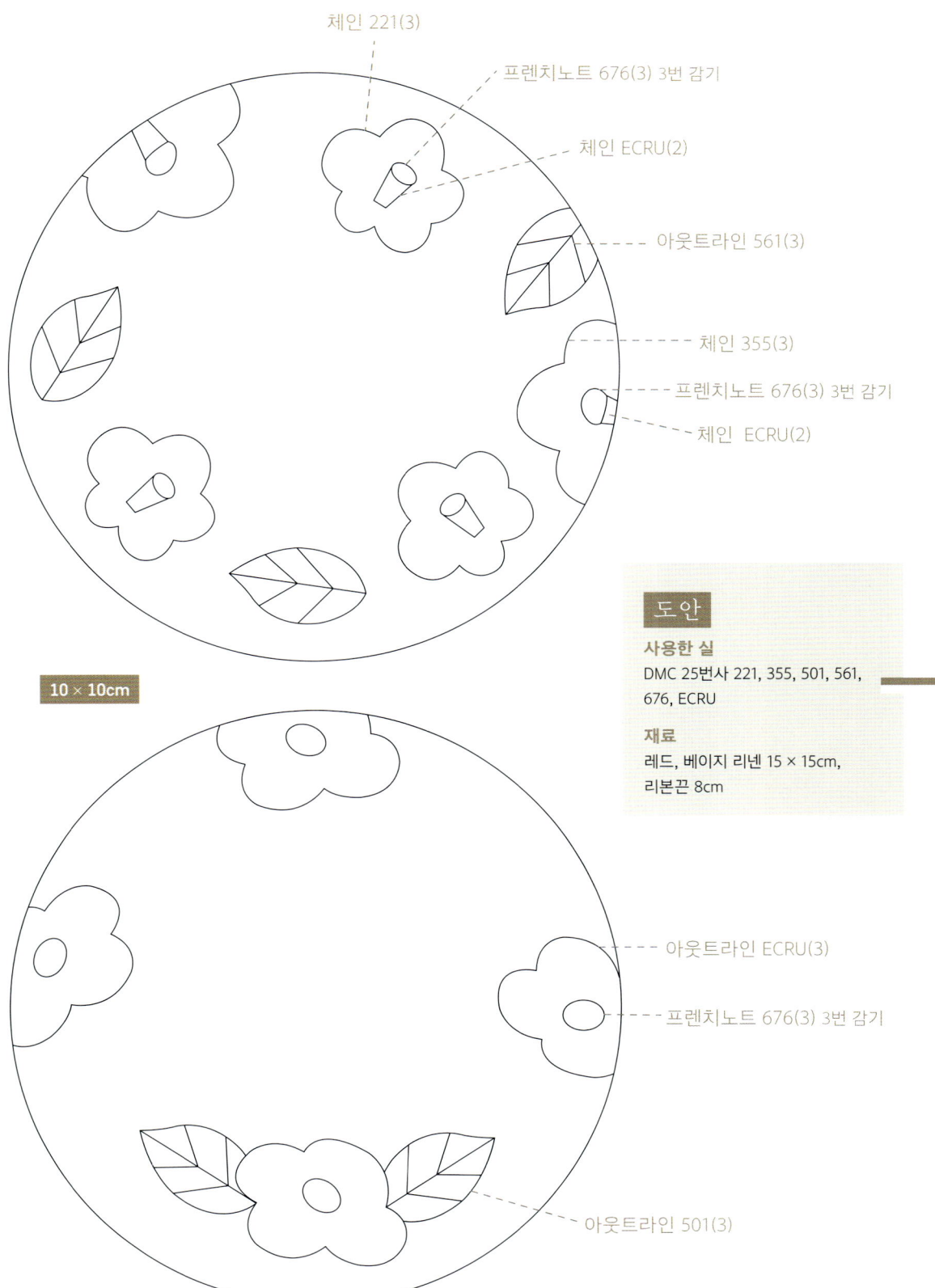

체인 221(3)

프렌치노트 676(3) 3번 감기

체인 ECRU(2)

아웃트라인 561(3)

체인 355(3)

프렌치노트 676(3) 3번 감기

체인 ECRU(2)

10 × 10cm

도안

사용한 실
DMC 25번사 221, 355, 501, 561, 676, ECRU

재료
레드, 베이지 리넨 15 × 15cm, 리본끈 8cm

아웃트라인 ECRU(3)

프렌치노트 676(3) 3번 감기

아웃트라인 501(3)

Floral
embroidery
크리스마스 쿠션

따뜻한 크리스마스.
우리가 함께한 모든 순간이 행복했어

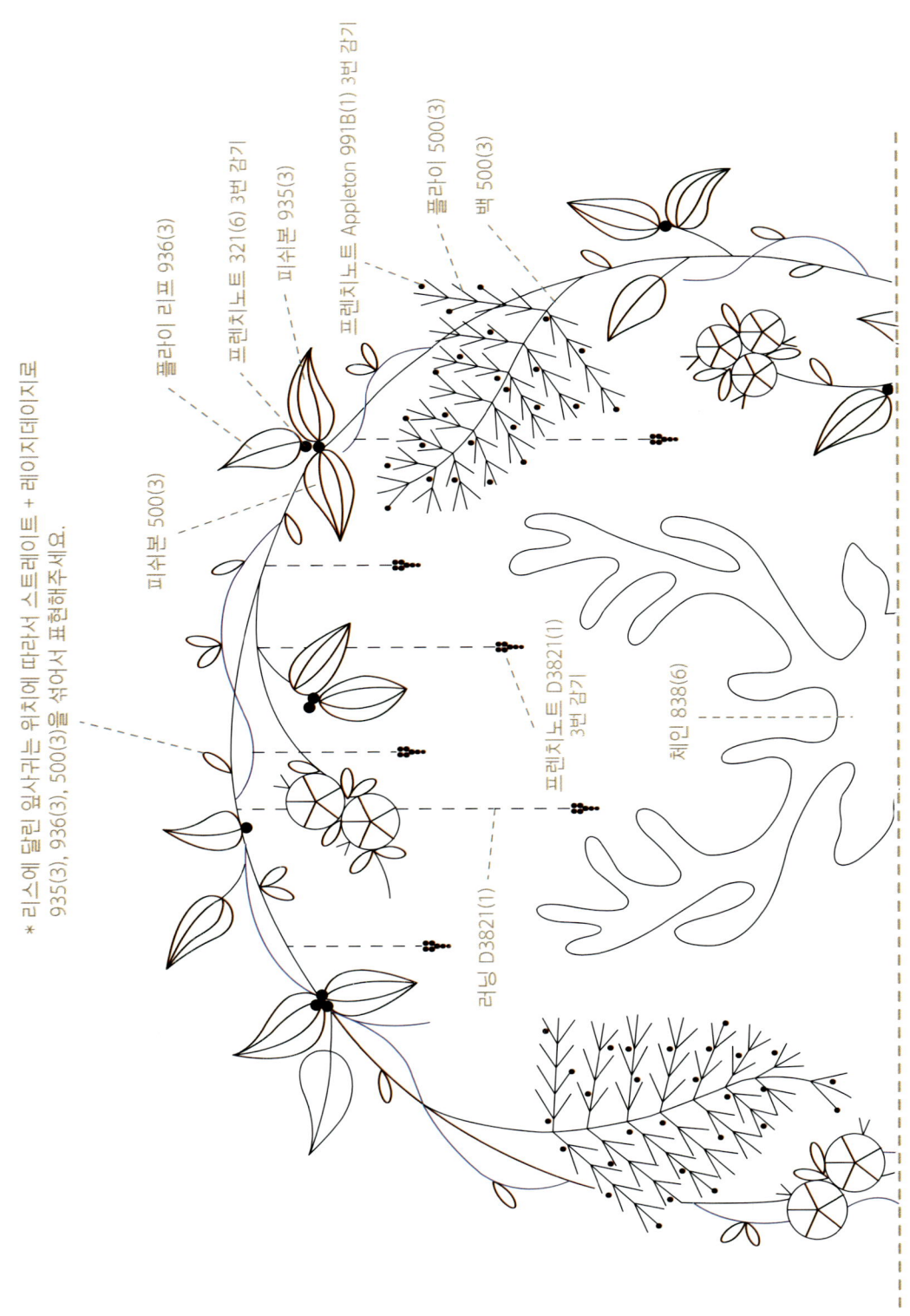

플라이 리프 936(3)

프렌치노트 321(6) 3번 감기

피쉬본 935(3)

프렌치노트 Appleton 991B(1) 3번 감기

플라이 500(3)

백 500(3)

피쉬본 500(3)

* 리스에 달린 잎사귀는 위치에 따라서 스트레이트 + 레이지데이지로
935(3), 936(3), 500(3)을 섞어서 표현해주세요.

프렌치노트 D3821(1)
3번 감기

체인 838(6)

러닝 D3821(1)

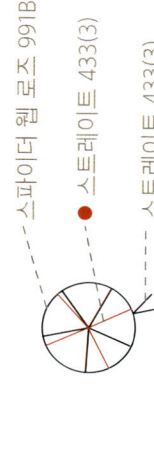

스파이더 웹 로즈 991B(2)

스트레이트 433(3)

스트레이트 433(3)

아웃트라인 433(6)

아웃트라인 838(6)

휘프트 백 321(3), D3821(1)

스트레이트 321(3)

17 × 18.5cm

도안

사용한 실
DMC 25번사 321, 433, 500, 838,
935, 936, Appleton 991B,
DMC메탈릭사 D3821

준비물
베이지 리넨 쿠션 40 × 40cm

Floral
embroidery

열두 달 주방가랜드

우리가 지내는 열두 달의 시간들.
그 안에서 피어나는 꽃들의 모습은 아름다워요.

도안

사용한 실

DMC 25번사
1월 - 988, 3821, 3822, ECRU
2월 - 355, 500, 3051, 3777, 3821, 3822
3월 - 420, 977, 3364, 3853

재료

베이지 리넨+레이스 포함
145 × 35cm

(본 도서에서는 꿈은담은틀 자체 제작
가랜드 사용)

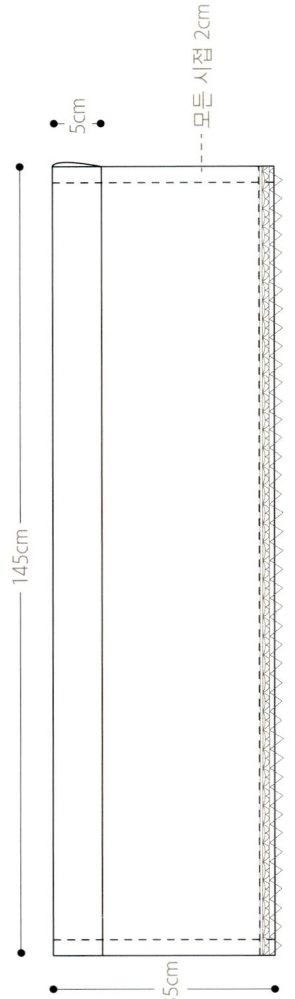

5cm

머틴 시접 2cm

145cm

35cm

1월 - 유채꽃

2월 - 동백꽃

3월 - 금잔화

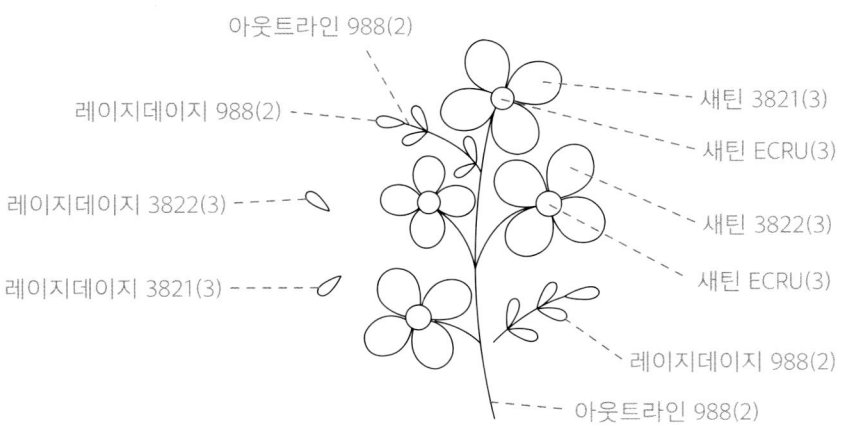

아웃트라인 988(2)

레이지데이지 988(2)

레이지데이지 3822(3)

레이지데이지 3821(3)

새틴 3821(3)

새틴 ECRU(3)

새틴 3822(3)

새틴 ECRU(3)

레이지데이지 988(2)

아웃트라인 988(2)

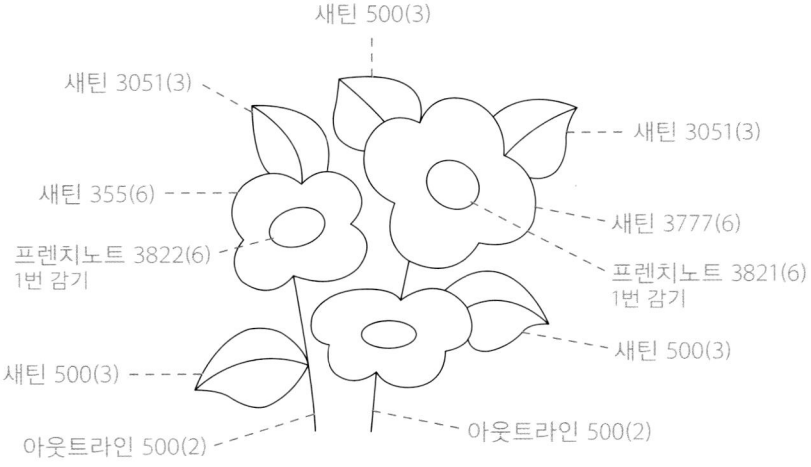

새틴 500(3)

새틴 3051(3)

새틴 355(6)

프렌치노트 3822(6)
1번 감기

새틴 500(3)

아웃트라인 500(2)

새틴 3051(3)

새틴 3777(6)

프렌치노트 3821(6)
1번 감기

새틴 500(3)

아웃트라인 500(2)

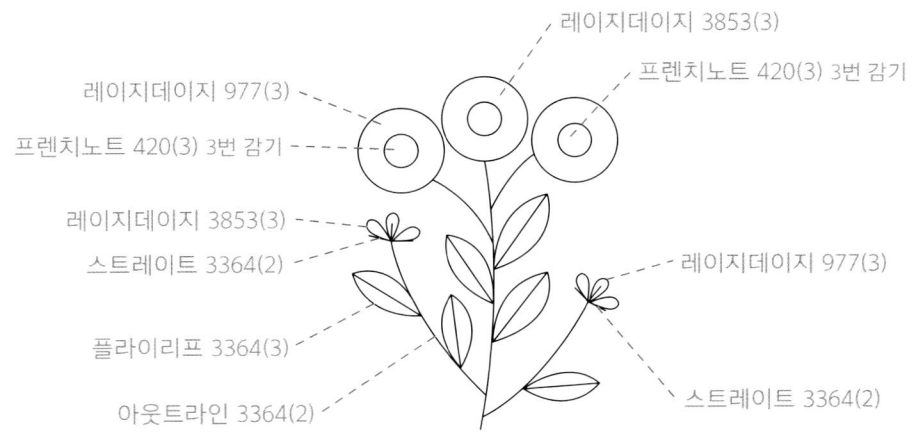

레이지데이지 3853(3)

프렌치노트 420(3) 3번 감기

레이지데이지 977(3)

프렌치노트 420(3) 3번 감기

레이지데이지 3853(3)

스트레이트 3364(2)

플라이리프 3364(3)

아웃트라인 3364(2)

레이지데이지 977(3)

스트레이트 3364(2)

도안

사용한 실

DMC 25번사
4월 - 761, 3689, 3772, ECRU
5월 - 319, 355, 3051, 3777, ECRU
6월 - 155, 156, 341, 3051, 3364

4월 - 벚꽃

5월 - 카네이션

6월 - 수국

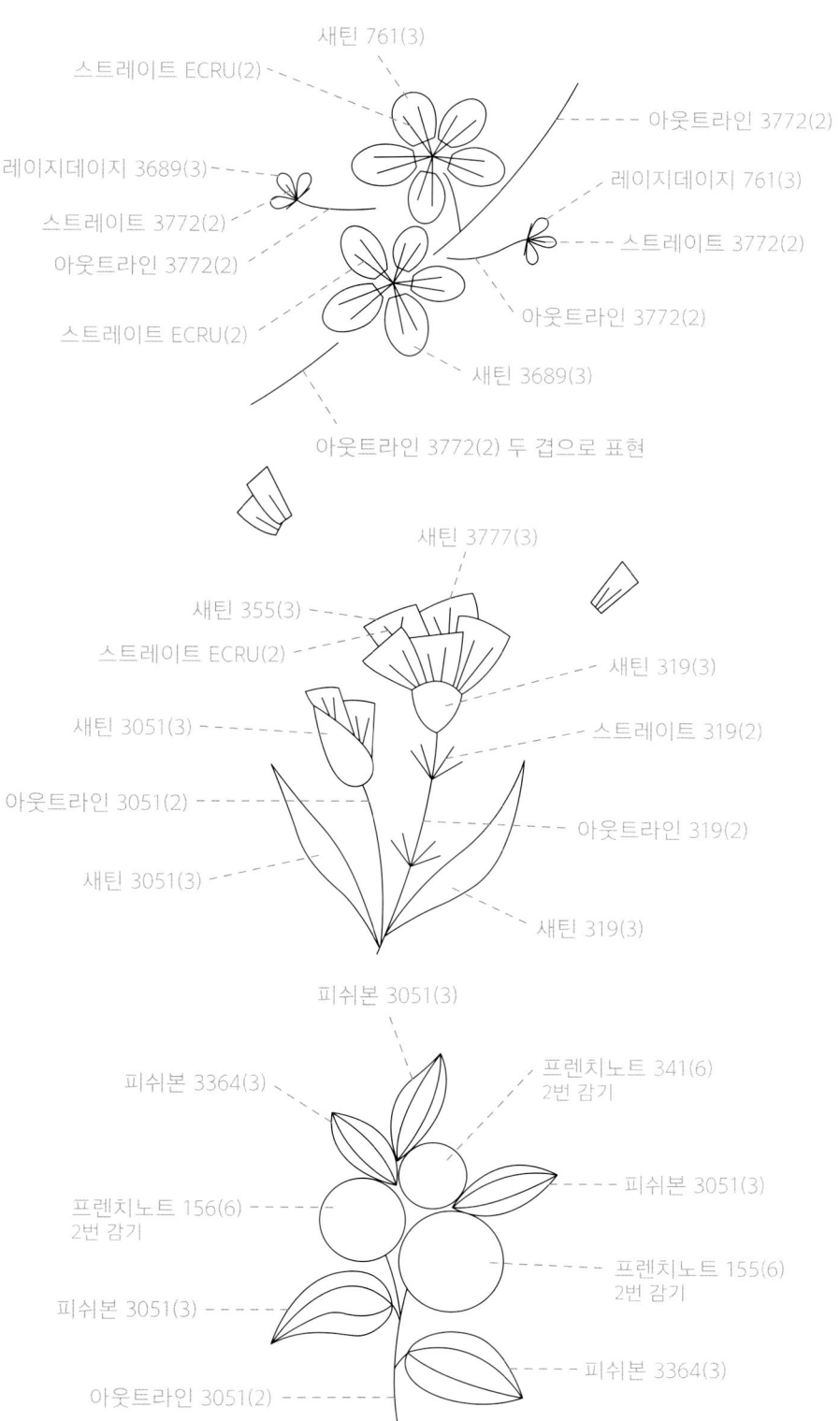

새틴 761(3)

스트레이트 ECRU(2)

아웃트라인 3772(2)

레이지데이지 3689(3)

레이지데이지 761(3)

스트레이트 3772(2)

스트레이트 3772(2)

아웃트라인 3772(2)

아웃트라인 3772(2)

스트레이트 ECRU(2)

새틴 3689(3)

아웃트라인 3772(2) 두 겹으로 표현

새틴 3777(3)

새틴 355(3)

스트레이트 ECRU(2)

새틴 319(3)

새틴 3051(3)

스트레이트 319(2)

아웃트라인 3051(2)

아웃트라인 319(2)

새틴 3051(3)

새틴 319(3)

피쉬본 3051(3)

피쉬본 3364(3)

프렌치노트 341(6)
2번 감기

프렌치노트 156(6)
2번 감기

피쉬본 3051(3)

피쉬본 3051(3)

프렌치노트 155(6)
2번 감기

피쉬본 3364(3)

아웃트라인 3051(2)

7월 - 버베라

8월 - 해바라기

9월 - 튤립

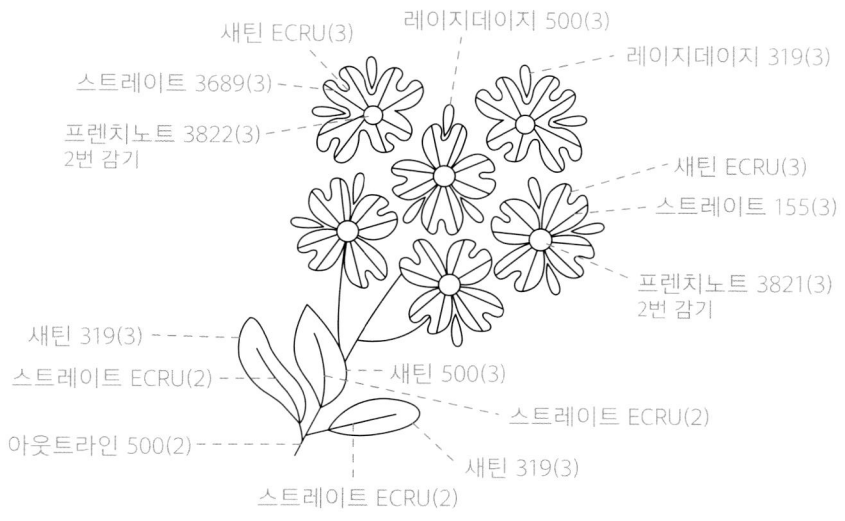

새틴 ECRU(3)
레이지데이지 500(3)
레이지데이지 319(3)
스트레이트 3689(3)
프렌치노트 3822(3)
2번 감기
새틴 ECRU(3)
스트레이트 155(3)
프렌치노트 3821(3)
2번 감기
새틴 319(3)
스트레이트 ECRU(2)
새틴 500(3)
아웃트라인 500(2)
스트레이트 ECRU(2)
새틴 319(3)
스트레이트 ECRU(2)

프렌치노트 433(3)
3번 감기
레이지데이지 977(3)
레이지데이지 3821(3)
프렌치노트 420(3)
3번 감기
피쉬본 988(3)
* 작은 레이지데이지 잎사귀는
3364(3), 988(3) 섞어서 표현
피쉬본 3364(3)
레이지데이지 3821(3)
레이지데이지 3822(3)
프렌치노트 420(3)
3번 감기
프렌치노트 433(3)
3번 감기
피쉬본 3364(3)
피쉬본 988(3)
아웃트라인 3364(2)
아웃트라인 988(2)
아웃트라인 3364(2)
피쉬본 3364(3)

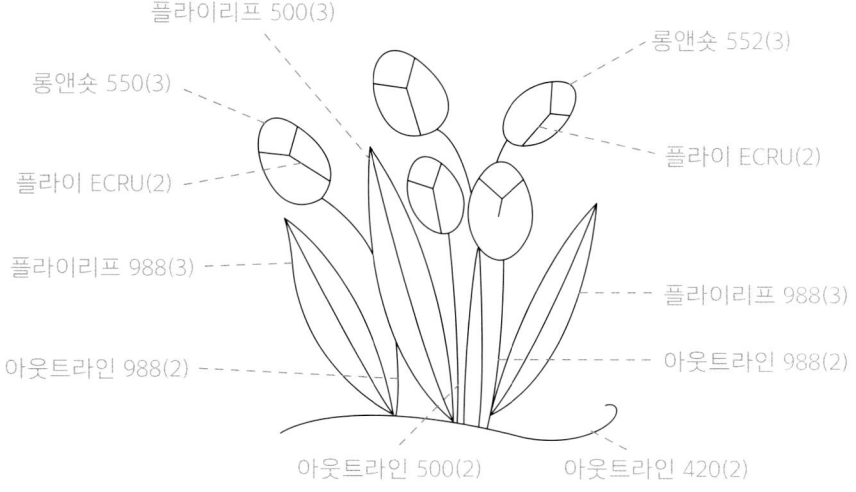

플라이리프 500(3)
롱앤숏 552(3)
롱앤숏 550(3)
플라이 ECRU(2)
플라이 ECRU(2)
플라이리프 988(3)
플라이리프 988(3)
아웃트라인 988(2)
아웃트라인 988(2)
아웃트라인 500(2)
아웃트라인 420(2)

사용한 실
DMC 25번사
10월 - 3051, 3821, ECRU
11월 - 319, 433, 3051, 3772, ECRU,
Appleton 991B
12월 - 433, 500, 3777, Appleton
991B

10월 - 카라

11월 - 목화

12월 - 리스

아웃트라인 ECRU(2)　---------　　블리온 3821(3)

블랭킷 ECRU(2)

체인 3051(2)　------

아웃트라인 3051(2)　------

스트레이트 3051(2)

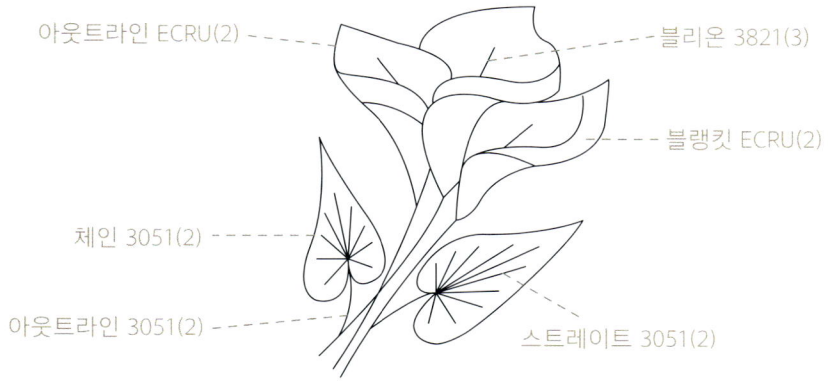

플라이 319(3)

스트레이트 319(2)　------

프렌치노트 Appleton 991B(2)
1번 감기

스트레이트 3772(2)　------

스파이더 웹 로즈 Appleton 991B(2)

스트레이트 433(3)

아웃트라인 433(3)　------

아웃트라인 319(3)　------

새틴 3051(3)

스트레이트 ECRU(2)

아웃트라인 3051(3)

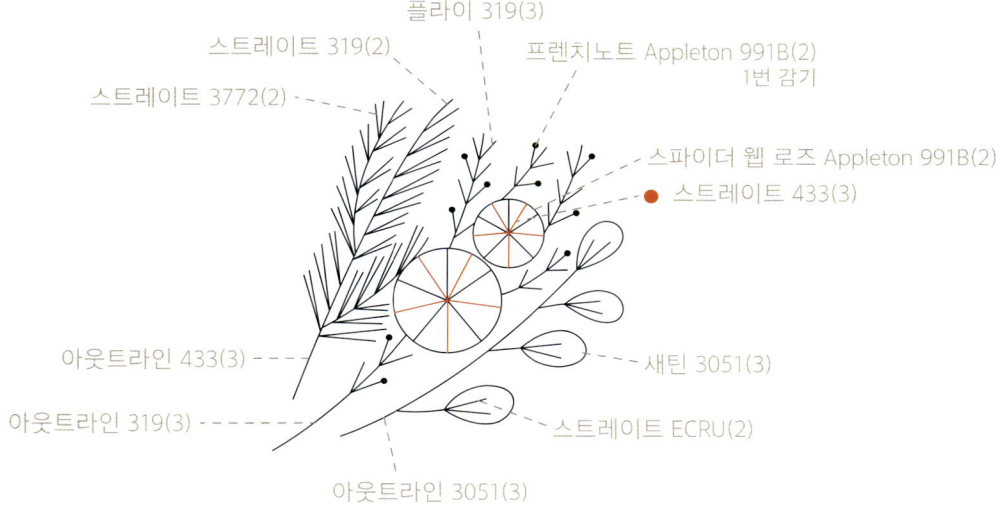

새틴 3777(2)

체인 3777(2)　------

스트레이트 3777(2)

아웃트라인 3777(2)　------

플라이 500(2)

프렌치노트 Appleton 991B(2)
1번 감기

아웃트라인 433(2)

Floral *embroidery*

사계절 수틀 액자

재 료	칼라 리넨 25 × 18cm, 타원형 원목수틀 15 × 9cm, 접착형 펠트지

How To's

01 수틀을 끼운 상태에서 수놓은 도안 주위로 여분 3-4cm를 남기고 원단
을 가위로 자릅니다.

02 원단과 도안 사이로 러닝 스티치로 수놓아준 뒤에 원단을 뒤집어서 바
늘을 쭉 당겨 조여주세요.

03 조인 원단을 한 번 더 지그재그로 집어주며 한 번 더 조여줍니다.

04 수틀 사이즈에 맞는 접착형 펠트지를 붙이고 뒷면을 깔끔하게 마무
리합니다.

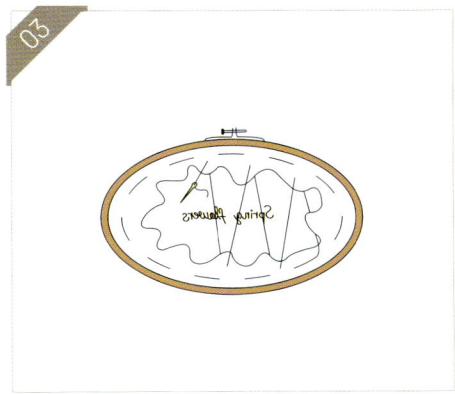

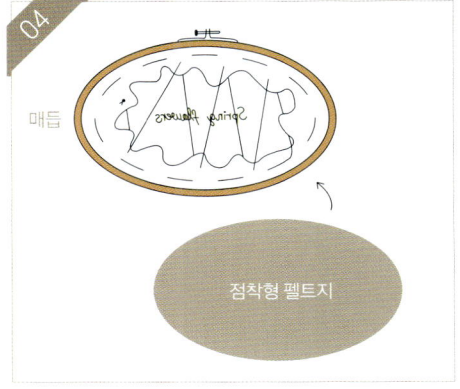

도안

사용한 실

DMC 25번사 210, 471, 522, 839,
937, 977, 3687, 3727, 3862, 3865

Spring flowers

* 글씨 백 838(2)

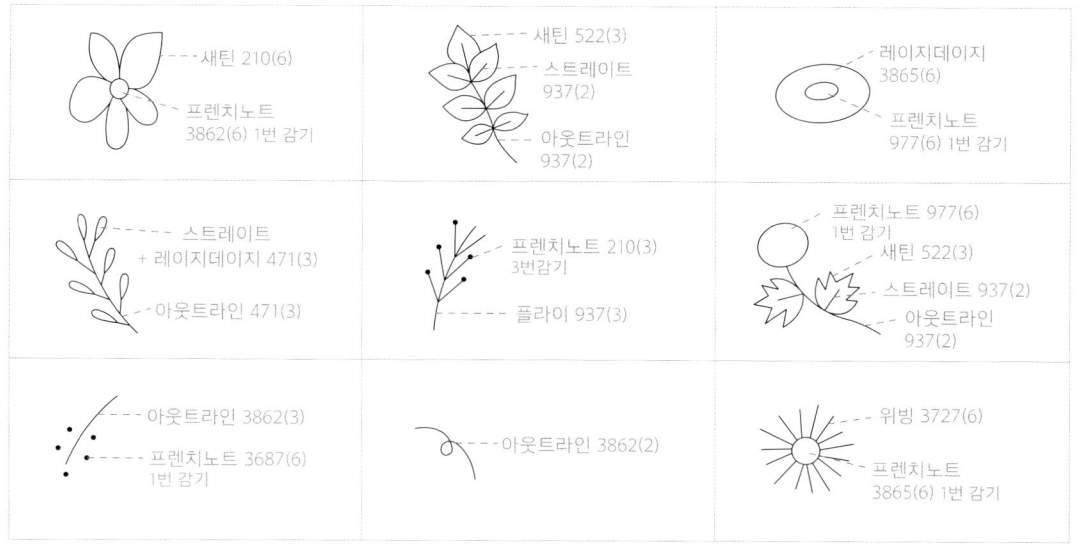

---- 새틴 210(6)

---- 프렌치노트
3862(6) 1번 감기

---- 새틴 522(3)

---- 스트레이트
937(2)

---- 아웃트라인
937(2)

---- 레이지데이지
3865(6)

---- 프렌치노트
977(6) 1번 감기

---- 스트레이트
+ 레이지데이지 471(3)

---- 아웃트라인 471(3)

---- 프렌치노트 210(3)
3번감기

---- 플라이 937(3)

---- 프렌치노트 977(6)
1번 감기

---- 새틴 522(3)

---- 스트레이트 937(2)

---- 아웃트라인
937(2)

---- 아웃트라인 3862(3)

---- 프렌치노트 3687(6)
1번 감기

---- 아웃트라인 3862(2)

---- 위빙 3727(6)

---- 프렌치노트
3865(6) 1번 감기

도안

사용한 실

DMC 25번사 311, 322, 407, 827,
838, 869, 3046, 3345, 3363,
3364, 3820, 3865

새틴 3345(3)

아웃트라인 3345(3)

레이지데이지 3820(6)

새틴 3363(3)

새틴 3345(3)

프렌치노트 838(6)
1번 감기

새틴 3363(3)

Summer flowers

* 글씨 백 838(2)

레이지데이지 3046(6)

프렌치노트 869(6)
1번 감기

프렌치노트 407(3)
3번 감기

레이지데이지 3364(3)

아웃트라인 3364(3)

스트레이트
+ 레이지데이지 3363(3)

아웃트라인 3363(3)

레이지데이지 3820(6)

프렌치노트 838(6)
1번 감기

새틴 3363(3)

아웃트라인 3363(3)

새틴 322(3)

새틴 827(3)

새틴 311(3)

프렌치노트 3865(6)
1번 감기

프렌치노트 3046(6)
1번 감기

아웃트라인 3363(3)

프렌치노트 3820(3)
3번 감기

플라이 3345(3)

아웃트라인 869(2)

새틴 3345(3)

레이지데이지 3865(6)

새틴 3345(3)

프렌치노트 838(6)
1번 감기

아웃트라인 3345(3)

위빙 827(6)

프렌치노트 3865(6)
1번 감기

도안

사용한 실
DMC 25번사 520, 522, 729, 918,
3031, 3041, 3042, 3371, 3826,
3866

* 글씨 백 3371(2)

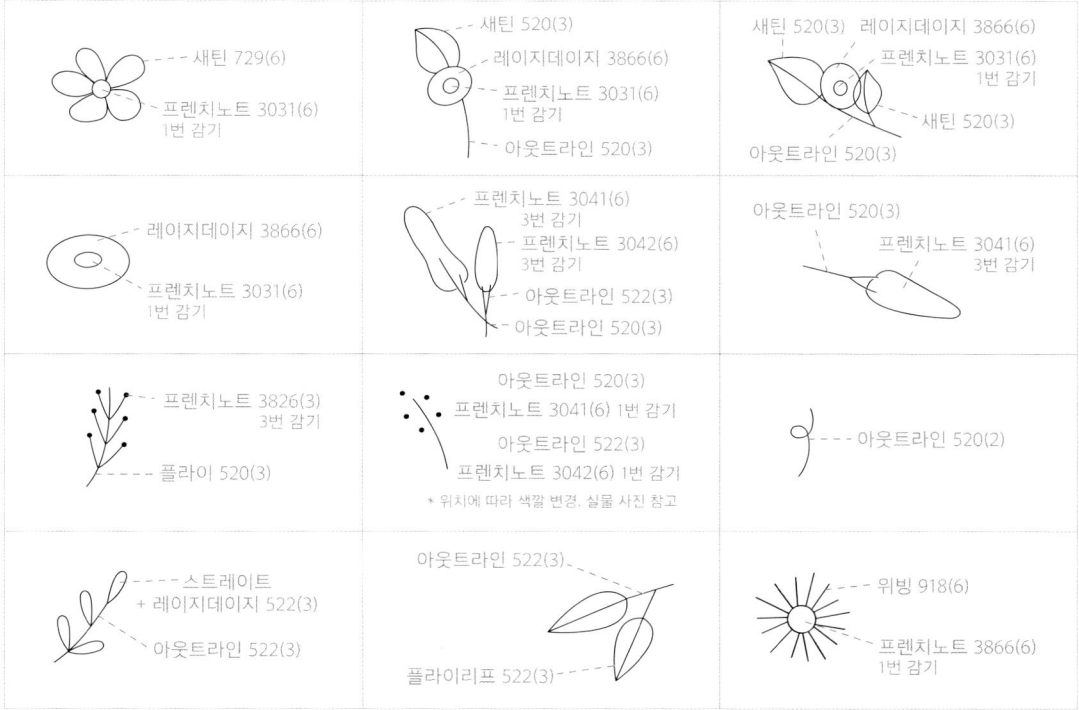

도안

사용한 실
DMC 25번사 319, 632, 729, 816,
833, 3033, 3041, 3052, 3362,
Appleton 991B

*글씨 백 3033(2)

레이지데이지 3033(6)

프렌치노트 632(6)
1번 감기

백 + 새틴
3362(3)

백 + 새틴
3052(3)

아웃트라인 3362(3)

새틴 319(3)

스트레이트 3033(2)

새틴 729(3)

아웃트라인 319(3)

프렌치노트 3033(3)
3번 감기

플라이 3362(3)

스트레이트
+ 레이지데이지 3362(3)

아웃트라인 3362(3)

아웃트라인 3052(2)

테두리 프렌치노트 3041(3)
3번 감기

중심 프렌치노트 3033(3)
3번 감기

레이지데이지 319(3)

아웃트라인 319(3)

위빙 816(6)

프렌치노트 833(6)
1번 감기

플라이리프 319(3)

플라이리프 3362(3)

플라이리프 319(3)

스파이더 웹 로즈 Appleton 991B(2)

스트레이트 Appleton 991B(1)

스트레이트 632(3)

스트레이트 632(3)

꽃 이 　피 어 나 는
사계절 자수

1판 1쇄 인쇄 2021년 4월 15일
1판 1쇄 발행 2021년 4월 20일
—

지 은 이 이윤정
발 행 인 이미옥
발 행 처 아이생각
정 　 가 15,000원
등 록 일 2003년 3월 10일
등록번호 220-90-18139
주 　 소 (03979) 서울 마포구 성미산로 23길 72 (연남동)
전화번호 (02) 447-3157~8
팩스번호 (02) 447-3159
—

ISBN 978-89-97466-82-5 (13630)
I-21-04

i THINK
아이생각

Book · Character · Goods · Advertisement · Graphic · Marketing · Brand consulting

D · J · I
BOOKS
DESIGN
STUDIO

내일의 디자인
더 나은 디자인

D · J · I BOOKS

DESIGN STUDIO

- 디제이아이 북스 디자인 스튜디오 -

|

BOOK · CHARACTER · GOODS · ADVERTISEMENT
GRAPHIC · MARKETING · BRAND CONSULTING

FACEBOOK.COM/DJIDESIGN

D·J·I BOOKS
DESIGN STUDIO

굿즈 ─────────── D·J·I BOOKS
DESIGN STUDIO
캐릭터 2018

광고
J&JJ BOOKS
브랜딩 2014

출판편집
I THINK BOOKS
2003

DIGITAL BOOKS
1999

facebook.com/djidesign